現地在住日本人ライターが案内する

大人のシンガポール旅

SINGAPORE

Guided by Japanese resident in Singapore

芳野郷子

JN051802

はじめに

　この本を手に取ってくださった皆様へ。

　私は1986年にシンガポールに来て以来、この地での生活も37年目になりました。東京都23区くらいの広さの国ですから、どこもかしこも行ったことがあって知り尽くしている気になっており、本書でもこんなお店、あんなところと、いくらでも書けそうに思っていました。

　でも。取材を始めるとすぐ、シンガポールという国をどう紹介したらよいか、本のタイトルさえなかなか決められないというジレンマに陥りました。この国はガーデンシティーやグルメ天国などといわれ、アセアンのハブ、多民族の国、金融の中心地、世界有数の貿易港、東西南北の交差点などともいわれています。または、小さいけれどパワフルという意味でチリパディ（赤とうがらし）とか、レッドドット（赤い小さい点）と呼ばれたりも。でもどれもこの国の魅力が伝わるとは思えないのです。

　そう。シンガポールの魅力って何ですか？　とよく聞かれるのですが、なんでもあるようでいて、ここだけにしかないもの、というのは少ないかもしれません。強いて言えば、中国や香港、インドも中東も、イギリスや他のヨーロッパの雰囲気も料理も味わえるということでしょうか。

　ここは移民が築いた国。人種のるつぼです。さまざまな国の人々、文化やモノが行き交うことで発展し、変化を遂げ、歴史を紡いできた街です。いくつもの顔を持つシンガポールは、一言ではなかなか言い表せません。きっと見たことがなかった光景、食べたことがなかった料理、シンガポールに来たからこその出会いがあると思います。皆様の出会いの旅に、少しでもお役に立てればと願っています。

芳野　郷子

CONTENTS

2 　はじめに

6 　information　基本情報…6／シンガポールの文化…10

14 　MAP

16 　[column.1] シングリッシュはフレンドリー

17 Marina Bay&City – マリーナベイ＆シティ –

18 　National Gallery　ナショナル・ギャラリー

20 　TWG Tea　TWGティー

22 　National Kitchen　ナショナル・キッチン

24 　Art　アート

26 　LeVeL33　レベル33

28 　Gardens by the Bay　ガーデンズ・バイ・ザ・ベイ

30 　Marguerite　マルゲリータ

32 　Pickup Spot 1：Chijmes　チャイムス
　　Angro Indian アングロ・インディアン…33／Lei Terrace レイ・テラス…34

36 　[Column.2] さまざまなルーツを持つローカルフード

38 　YY Kafei Dian　YYカフェイ・ディアン

39 Orchard&Tanglin – オーチャード＆タングリン –

40 　Les Amis　レザミ

42 　Bacha Coffee　バシャ・コーヒー

44 　Nassim Hill Bakery Bistro Bar　ナッシムヒル・ベーカリー・ビストロ・バー

46 　SARAI Fine Thai　サライ・ファイン・タイ

48 　Design Orchard　デザイン・オーチャード

49 Chinatown&Tanjong Pagar
– チャイナタウン＆タンジョンパガ –

50 　Discover Chinatown　〜タウンマップ〜

52 　Tea Chapter　ティー・チャプター

54 　Red Star　レッド・スター

56 　Kafé Utu　カフェ・ウトゥ

58 　Lukā　ルカ

60 　The Blue Ginger　ブルー・ジンジャー

62 　[Column.3] カラフルで多彩なプラナカン文化

64 　Pickup Spot 2：TIONG BAHRU 古くて新しい街、ティオン・バール
　　YeniDraws＆Friends　イェニドローズ＆フレンズ…65
　　Creamier　クリーミァ…66

67 Little India - インド人街 -

68 Discover Little India 〜タウンマップ〜
70 Celebration of Arts セレブレーション・オブ・アーツ
71 Sakunthala's Food Palace サクンタラス・フード・パレス
72 Madras Woodlands Ganga マドラス・ウッドランズ・ガンガ
74 mustard マスタード
76 Putien プーティエン
78 Chen Fu Ji Fried Rice チェンフージー・フライドライス

79 Arab Street&Bugis - アラブ街&ブギス -

80 Discover Arab Street&Bugis 〜タウンマップ〜
82 The Coconut Club ココナッツ・クラブ
84 Tarik Cafe タリック・カフェ
86 Artichoke アーティチョーク
88 Ms. DURIAN Café ミス・ドリアン・カフェ
90 [Column.4] ドリアン大国・シンガポール
92 Sifr Aromatics シーファー・アロマティックス

93 Singapore River Side - シンガポール川沿い -

94 SONG FA Bak Kut Teh ソンファ・バクテ
96 BREWERKZ ブリューワークス
98 TAPAS24 タパス24
100 KINARA キナラ

101 Dempsey Hill&Holland Village - デンプシーヒル&ホーランドビレッジ -

102 Candlenuts キャンドルナッツ
104 Claudine クローディーヌ
106 Jiu Zhuang ジューズアン
108 Soup Restaurant スープ・レストラン

109 East Coast&Sentosa - イーストコースト&セントーサ -

110 JUMBO Seafood ジャンボ・シーフード
112 Coastal Rhythm Café&Bar コースタル・リズム・カフェ&バー
114 Greenwood Fish Market グリーンウッド・フィッシュマーケット
116 [Column.5] 市民の台所・進化するホーカーセンター

117 Suburbs - 郊外 -

118 Wild Seed Cafe　ワイルドシード・カフェ
120 Tamarind Hill　タマリンド・ヒル
122 Under Der Linden　アンダー・ダー・リンデン
124 COLBAR　コルバー
126 La Forēt　ラ・フォーレ
128 [Column.6] シンガポールのハイティー

129 Hotels - ホテル -

130 Raffles Hotel　ラッフルズ・ホテル
132 Goodwood Park Hotel　グッドウッド・パーク・ホテル
134 Fullerton & Fullerton Bay Hotel　フラトン&フラトン・ベイ・ホテル
136 Pickup Spot 3：BAR おすすめ Bar セレクション
ATLAS Bar　アトラス・バー…137／Gibson　ギブソン…138
140 [Column.7] シンガポールのお酒&レストラン事情

141 Sightseeing&Activity - 観光 & アクティビティー -

142 Singapore Zoological Gardens　シンガポール動物園
144 River Wonders　リバー・ワンダーズ
145 Night Safari　ナイト・サファリ
146 Royal Albatross　ロイヤル・アルバトロス
148 Singapore Botanic Gardens　シンガポール植物園
149 Pickup Spot 4：Places of Worship　祈りの風景
Kwan Im Thong Hood Cho Temple　観音堂…149
Sultan Mosque　サルタン・モスク…150
Sri Veeramakaliamman Temple　スリ・ヴィーラマカリアマン寺院…150
Loyang Tua Pek Kong　ロヤン寺院…151
152 Natureland　ネイチャーランド
153 Nuffield Wellness　ヌフィールド・ウエルネス
154 Pickup Spot 5：Nirwana Gardens
ひと足延ばして。ビンタン島、ニルワナ・ガーデンズへ
156 シンガポール気分なスーベニア
158 あとがき

DATA の 見 か た

住 住所　電 電話番号　休 定休日　営 営業時間　¥ 料金

予 予約について　C クレジットカードの利用

※本書の掲載データは、2023年2月現在のものです。
　その後、各紹介スポットの都合により変更される場合がありますので、予めご了承ください。
※掲載した商品やメニューは本書発売期間中に売り切れる場合がございますので、ご了承ください。
※定休日は旧正月の休みを除いたものです。
※一部屋台などを除き、ほとんどの店舗で消費税8%とサービス料10%が加算されます。

基本情報

☑ 時差

　日本とシンガポールとの時差はマイナス1時間。日本の10時はシンガポールの9時。サマータイムはなし。

----- time difference -----

JAPAN　　　　**SINGAPORE**

☑ 日本からシンガポールへ

　シンガポールへの直行便はシンガポール航空が札幌、成田、羽田、大阪、名古屋、福岡、沖縄から、また日本航空と全日空が成田、羽田から運航。LCCではスクートが札幌、羽田、名古屋、大阪から、ジェットスター・アジアが札幌、成田、羽田、名古屋、大阪、福岡、沖縄から運行しています。またZIPAIRも成田から直行便の運航を開始しました。

☑ ビザ

　観光目的の場合、空路でシンガポールに入国する場合は30日以内、陸路で入国する場合は14日以内の滞在期間なら、ビザは必要ありません。パスポートの残存有効期限が6カ月以上あり、シンガポール出国の際の航空券を所持していることが入国の条件となります。

☑ チャンギ国際空港から市内へのアクセス

　チャンギ空港のターミナル2と3はMRT（電車）のチャンギ・エアポート駅に直結していて、ターミナル1からはスカイトレインというモノレールでチャンギ・エアポート駅に行けます。チャンギ・エアポート駅から電車で市中心部まで約20〜30分です。空港からは公共のバスも出ていて、渋滞にかからなければ、市中心部まで30分ほどのアクセスです。

❶チャンギ国際空港
❷イースト・コースト
❸カトン
❹アラブストリート
❺ブギス
❻リトルインディア
❼シティー
❽チャイナタウン
❾タンジョンパガ
❿オーチャード
⓫ダングリン
⓬デンプシー
⓭ホーランドビレッジ
⓮ウッドランズ
⓯ジュロン
⓰セントーサ島

マリーナベイ

--- Singapore Map ---

シンガポール川

☑ 気候

シンガポールは北緯1度に位置しており、熱帯モンスーン気候に属しています。1年を通して高温多湿。10〜3月までが雨季で気温は少し下がり、4月〜9月までは乾季でより暑くなります。日中の天気の移り変わりも激しく、夕方スコールに見舞われることも多いです。

Author's Voice
屋外は暑いですが屋内のエアコンは強く寒いこともあるので、薄手のジャケットは持っていた方がいい。

━ 気温　▦ 降水量

シンガポールの平均気温と降水量 (2022年)

月	1月	2月	3月	4月	5月	6月	7月	8月	9月	10月	11月	12月
平均気温(℃)	27.5	27.3	28.1	28.1	29.2	28.6	28.1	27.9	27.5	27.4	26.7	
平均降水量(mm)	88	175	163	243	102	212	143	141	121	282	311	215

☑ 通貨と両替

通貨の単位はシンガポール・ドル（S$）とセント（¢）。一般に流通しているのは、お札が2ドル、5ドル、10ドル、50ドル、100ドル。コインは10セント、20セント、50セント、1ドル。2023年1月現在の日本円との為替レートは1シンガポールドルが約98.88円です。両替所は市内の大きなショッピングモールには大抵あります。

☑ 電圧とプラグ

電圧は230V、50HZ。プラグの穴は3つで四角いタイプが多いですが、丸穴のタイプもあります。日本の電気製品を使用するためには変換アダプターが必要。多くのホテルで貸し出しサービスをしています。

☑ チップ

チップを渡す習慣はありませんが、外国人観光客の中には、ホテルのドアマンやハウスキーパーに少額のチップを渡す人もいます。

☑ 市内での移動

シンガポールのほとんどの場所はMRTという電車（市中心部は地下鉄）とバス路線が網羅しています。MRTは1回だけのスタンダード・チケットがないので、ツーリスト・パス（1、2、3日券）、またはイージー・リンク・カード（ez-link Card）を購入し、金額が少なくなったら駅の機械でチャージして使ってください。郊外の一部にはタクシーが便利。

アラブ街の一角にあるストリート、ハジレーン。

マーライオン公園の大きなマーライオン像の後ろには、こんな小さな赤ちゃんマーライオンも！

シンガポールの文化

☑ 歴史について

シンガポールの近代史は、1819年、トーマス・スタンフォード・ラッフルズ卿がこの島に上陸したときに幕を開けました。海峡植民地となったシンガポールは貿易港として発展、19世紀後半から移民が急増したのです。太平洋戦争中、3年半にわたって日本軍が占領した時代もありましたが、日本の敗戦によってイギリスの統治が復活。

1959年には完全自治となり、この年の総選挙で圧勝した人民行動党が政権を獲得しました。党首はシンガポール建国の父と呼ばれている、リー・クアンユー首相。1963年にマレーシアの一州となりましたが、マレーシア連邦政府と対立したシンガポールは追放される形で1965年に独立しました。

資源のない小さなシンガポールですが、政府は英語教育に力を入れ、寛容性と多様性を重視して民族の調和を推進。投資環境を整えて貿易港として、また金融の拠点としても急成長させることに成功しました。

ラッフルズ卿の像は街のあちこちにある。

☑ 言語と宗教について

公用語は英語のほかマレー語、中国語、タミール語の4カ国語。英語はシングリッシュと言われる独特のアクセントのある英語で、マレー語や福建語の単語も混じります。ほかにも中国各地の方言、ヒンズー語などインドの言葉も聞かれます。多くのシンガポーリアンは英語のほかにも、1～2カ国語を話すことができるバイリンガルやトゥリリンガル。また宗教の種類も多く、仏教、キリスト教、イスラム教、道教やヒンズー教など多彩な信仰が根付いています。

店の看板も4カ国語を表示。

☑ 祝祭日

シンガポールの祝日の主なものは、それぞれの民族のお正月や宗教祭に因みます。中国系の人々の旧正月（1～2月の2日間）、回教の断食明けを祝うハリラヤ・プアサ（年度前半）と、同じく回教のハリラヤ・ハジ、ヒンズー教の光のお祭りディワリ（またはディーパバリ、10～11月）、またお釈迦様の誕生を祝うベサックデー（5月）なども。キリスト教ではグッド・フライデー（3～4月）とクリスマス（12月25日）も祝日。他にレイバー・デー（5月1日）も。そしてシンガポールにとって最も記念すべき日は8月9日の独立記念日です。

☑ 民族について

シンガポールの人口約560万人のうち、40%近くは外国籍です。また全体の約75%が中国系、約15%くらいがマレー系で、インド系は8%ほど。他にはユーラシアンと呼ばれる欧米系とアジア系のミックス、アラブ系などさまざまな人種・民族が住んでおり、日本人も3〜4万人います。

☑ 食文化について

多民族のシンガポールは食文化も豊かです。中華料理、インド料理、マレー・インドネシア料理、そして中華の食材を使ってマレー風の味付けをするプラナカン料理。またチリクラブやバクテ、チキンライス、ラクサ、フィッシュヘッドカレーはそれぞれ中華やプラナカン、インド料理をルーツとしています。フュージョンが多いのもシンガポールの特徴で、多くの具材をミックスしたサラダをロジャックといいますが、これはマレー語で"まぜこぜ"という意味。ローカル料理にはロジャック的なフュージョンが多いこともシンガポールの食の特徴です。

☑ マナー

地元の人たちの多くがTシャツに半ズボン、サンダルというラフな服装。高級レストランには「スマート・カジュアル」というドレスコードを設けているところもありますが、その基準もかなり緩い感じ。暑いせいもありますが、マナーやエチケットには頓着しないお国柄です。

一方、国民の規律に関しては厳しいのがシンガポール政府。かつては「ゴミのポイ捨て禁止、罰金最高○○ドル」などのポスターをよく見かけ、唾吐き、トイレの水の流し忘れ、鳥の餌やりも罰金対象に。今でもその法律は施行されていますが、ポスターそのものは少なくなりました。最新の罰則は「ホーカーセンターでトレーを戻さなかったら罰金」というもの。バスや電車の車内には、飲食と喫煙とゴミのポイ捨て、そしてドリアンの持ち込みの禁止4カ条は今でもしっかり掲示されています。初回に罰金を取られることはあまりないですが、シンガポールは有名なファイン・シティー（Fine City＝罰金都市）ですので、気を付けてください。

（写真上）プラナカン料理はどれも手間がかかるそう（→P22）。（写真下）TWGティーのテイクアウトの
ペーパーバッグは日本に持ち帰りたい可愛さ（→P20）。

（写真上）アフタヌーンティーもシンガポールに来たらぜひ一度は試して（→P126）。（写真下）アフリカ料理は熱帯のシンガポールでも美味しく感じられる（→P56）。

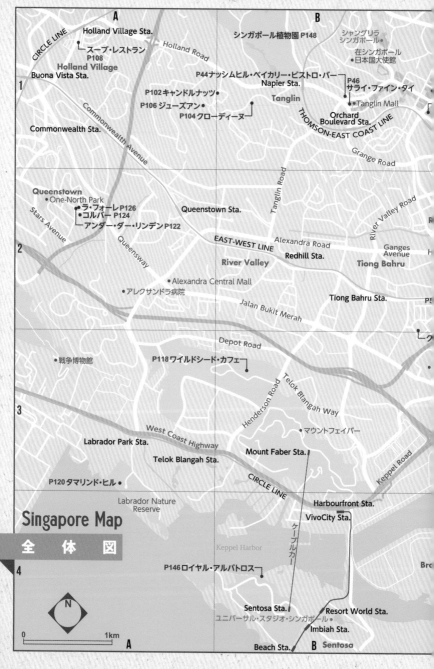

Singapore Map

全 体 図

A

Holland Village Sta.

CIRCLE LINE

スープ・レストラン
P108

Holland Village

Buona Vista Sta.

Holland Road

B

シンガポール植物園 P148

シャングリラ
シンガポール・

在シンガポール
・日本国大使館

P44ナッシムヒル・ベイカリー・ビストロ・バー
Napier Sta.

P46
サライ・ファイン・ダイ

P102キャンドルナッツ・

Tanglin

・Tanglin Mall

P106 ジューズアン・

Orchard
Boulevard Sta.

P104 クローディーヌ・

1

Commonwealth Sta.

Commonwealth Avenue

THOMSON-EAST COAST LINE

Grange Road

Queenstown
・One-North Park

ラ・フォーレ P126
コルバー P124
アンダー・ダー・リンデン P122

Queenstown Sta.

Tanglin Road

River Valley Road

Stars Avenue

Queensway

EAST-WEST LINE
Alexandra Road

Redhill Sta.

Ganges
Avenue

2

River Valley

Tiong Bahru

・Alexandra Central Mall

・アレクサンドラ病院

Jalan Bukit Merah

Tiong Bahru Sta.

Depot Road

・戦争博物館

P118ワイルドシード・カフェ

Telok Blangah Way

Henderson Road

3

West Coast Highway

・マウントフェイバー

Labrador Park Sta.

Telok Blangah Sta.

Mount Faber Sta.

Keppel Road

P120 タマリンド・ヒル ・

CIRCLE LINE

Labrador Nature
Reserve

Harbourfront Sta.

VivoCity Sta.

Keppel Harbor

ケーブルカー

P146ロイヤル・アルバトロス

4

N

0   1km

A

Sentosa Sta.

ユニバーサル・スタジオ・シンガポール ・

Beach Sta.

Resort World Sta.

Imbiah Sta.

B Sentosa

Newton Sta.

C P72マドラス・ウッドランズ・ガンガ
P150スリ・ヴィーラマカリアマン寺院
P69リトル・インディア・アーケード
P70セレブレーション・オブ・アーツ
P71サクンタラス・フード・パレス
P69タン・テニニア氏のカラフルな邸宅群
グッドウッド・パーク・ホテル
P132

Farrer Park Sta.
D Bendemeer Sta.

P76
プーティエン
チェンフージー・
フライドライス
P78
Kallang

NORTH-SOUTH LINE Scotts Road

タイ ・レザミ P40
・パシャ・コーヒー P42
・ION Orchard
Orchard Sta.
高島屋
Newton

Little India

Little India Sta.
P74マスタード
P69テッカ・センター
P69バッファロー・ロード

Jalan Besar Sta.

DOWNTOWN LINE Jin Besar

EAST-WEST LINE Lavender

・ミス・ドリアン・カフェ P88
Lavender Sta.
Kampong Glam

・デザイン・オーチャード P48
ヌフィールド・ウエルネス P153
Orchard Road
Somerset Sta.
P86アーティチョーク・

P81ブギス・ビレッジ
P149観音堂
Rochor Sta.
Queen St.
Bugis Sta.

アトラス・バー137
サルタン・モスク P150
・シーファー・アロマティックス P92
・ココナッツ・クラブ P82
Nicoll Highway Sta.
プッソーラ・ストリート P81
タリック・カフェ P84
ハジレーン P81

Dhoby Ghaut Sta.
Bencoolen Sta.

P32チャイムス、アングロ・インディアン、レイ・テラス
シンガポール国立博物館・
Bras Basah Sta.
Great World Sta.
P62プラナカン博物館

・YY カフェイ・ディアン P38
・ラッフルズ・ホテル P130
・ラッフルズ シティ
Esplanade Sta.

River Valley

P152ネイチャーランド
P18ナショナル・ギャラリー
P22ナショナル・キッチン
P24アート
City Hall Sta.

Promenade Sta.

Fort Canning Sta.
P98タパス24・
Havelock Road
P96ブリューワークス・
Havelock Sta.
P54レッド・スター・

Clarke Quay Sta.

P100キナラ・
・ソンファ・バクテ P94
アジア文明博物館・

マリーナスクエア・
ザ・リッツ・カールトン・
ミレニア・シンガポール
・シンガポール・
フライヤー

・マーライオン
・フラトン・ホテル P134

・アート・サイエンス・ミュージアム
・マルゲリータ P30
フラワー・ドーム

P51インドネシアン・バンブーケーキ
P65
・イェンドローズ&フレンズ
P51メイビョンユエン・デザート・
クリーミア P66
P51サゴ・ハウス
Outram Park Sta.
P56カフェ・ウトゥ
・シンガポール総合病院
P138ギブソン
P60ブルー・ジンジャー・
Tanjong Pagar Sta.

Chinatown Sta.
ルカ P58
P51
・ブッダ・トゥース・レリック寺院
Chinatown
Tanjong Pagar Sta.
ティー・チャプター P52

Raffles Place Sta.
・フラトン・ベイ・ホテル P134
TWG ティー
P20
レベル 33 P26
Downtown Sta.
Shenton Way Sta.

マリーナベイ・サンズ
Bayfront Sta.
・ガーデンズ・
バイ・ザ・ベイ
P28
Gardens by the Bay Sta.

クラウド・
フォレスト

THOMSON-EAST COAST LINE

3

NORTH EAST LINE

・シンガポール動物園 P142
・リバー・ワンダーズ P144
・ナイト・サファリ P145

Punggol Sta.

・ウォーター パーク
P151ロヤン寺院

Bukit Panjang Sta.
Upper Seletar Reservoir

Upper Peirce Reservoir
MacRitchie Reservoir

Bishan Sta.
Serangoon Sta.
Bedok Reservoir

Changi Airport Sta.
チャンギ国際空港

Stevens Sta.
Newton Sta.
MacPherson Sta.
Paya Lebar Sta.

タナメラ・フェリー・ターミナル
(→ビンタン島 [P154] へ)
Siglap Sta.

Brani Island
Marine Parade Sta.

コースタル・リズム・カフェ&バー
P112
ジャンボ・シーフード P110
ルマ・キムチュー P62

P114
グリーンウッド・フィッシュマーケット

C
D

N

0   5km

15

多民族国家が生んだ方言的英語
"シングリッシュ"はフレンドリー

マレー語や福建語も入り混じり、独特のアクセントなどで表現される、シングリッシュ。
最初は戸惑うかもしれませんが、慣れればりっこう親しみやすい言語です

シンガポールで一番多く話されているのは英語ですが、初めて聞いた人には英語とは思えないかもしれません。シンガポーリアンが話す英語、いわゆるシングリッシュは独特のアクセントと言い回しがあります。たとえば、どこに行きますか？と聞くとき、"You go where?"と、文法的には間違った言い方をします。また語尾に「ラー」(Lah)とか「レー」(Leh)をつけるのもシングリッシュの特徴。"Ok lah"(いいよ！)とか"I don't know leh"(知らないもんね！)といったように。そしてマレー語の単語もよく混じります。「すごい！」という意味の

Shiok! とか「食べる」、という意味のMakan など。"Makan already?"「もうご飯食べた？」というフレーズは地元っ子の挨拶代わりになっています。そして文法を気にして丁寧な英語を話そうとするより、簡略化したほうが通じやすかったりもします。タクシーに乗車して「空港に行ってもらえますか？」と言う時、シングリッシュだと"Airport, Can?"。するとタクシーの運転手さんは"Can Can"と答えたりします。単語を繰り返すのもシングリッシュの特徴。こちらもあまり緊張しないで話せるので、意外と実用的な言語かもしれません。

シングリッシュ
LESSON

1 語尾にLah（ラー）・Leh（レー）
例文:OK lah.／I don't know leh.
（ラー・レーに意味はないです。中国語の名残?）

2 英語の中にマレー語が頻出
Alamak !!（アラマー）=Oh my god !!と同じ意
Makan（マカン）=食べる
例文:Makan already?=ご飯食べた?
Suka（スカ）=スカは好きの意。スカスカで「お好きなように」

シングリッシュの
解説本も。

3 単語でOK。文法はあまり気にせずに
Where are you going?=You go where?（語順も独特ですね…）
Can I go to the airport?=Airport can?（返答もcan can !! と返ってきます）

Singapore

Marina Bay & City

— マリーナベイ＆シティ —

現在のアジア文明博物館のあたりにラッフルズ卿が上陸し、開発が始まったシンガポール。

エンプレスプレースと呼ばれ、そこを中心に埋め立てされできたのがマリーナベイエリア。

シティーにはラッフルズホテルなど歴史ある建物が点在します。

National Gallery
ナショナル・ギャラリー

| MAP/ P15-D2 | **SIGHTSEEING SPOT** |

荘厳な建物は英国植民地時代に建てられた。日本占領時代の資料も保管されている。

シンガポールの歴史と現代アートが出合う場所

　市中心部のパダンを見下ろし、その向こうのマリーナ湾を眺める場所に2015年、ナショナル・ギャラリーが誕生しました。もとは旧市庁舎と旧裁判所。シンガポールの歴史を語る、象徴的な建物です。地元アーティストやマレーシア、インドネシアなど地域の有名なアーティストの作品約8000点が集められています。草間彌生やマーク・ロスコ等、国際的に活躍するアーティストの特別展示も時々行われています。広場ではライブ演奏やイベントもあり。ルーフガーデン・ギャラリーにも立ち寄ってみてください。館内には、レストラン、カフェ、バーも数多くオープンしています。

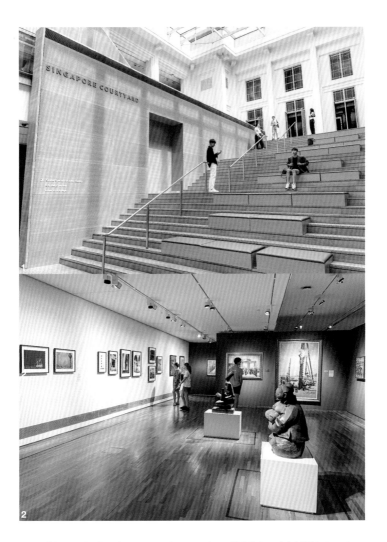

1.この階段のある場所も、空間そのものがアートのよう。**2.**絵画だけではなく、彫刻やインスタレーション(展示空間を含めて作品とみなす芸術手法)もそこここに展示されている。

DATA

🏠 1 St. Andrew's Road, #01-01.　☎ 6271-7000　🗓 無休
🕐 10:00〜19:00 ※入場は閉館30分前まで　💰 大人S$20　💳 可

TWG Tea
TWGティー

| MAP/ P15-D3 |　**CAFE**　|

紅茶の風味が素材を引き立てる、オリジナルの料理もぜひ!

　シンガポール生まれのブランドといえばお茶のサロンTWGティー。私たちのライフスタイルにすっかり溶け込んでいます。お茶とスイーツだけでなく、料理も本格的。フレンチベースで、茶葉のフレーバーを生かしたメニューがそろっています。たとえばスモークダックのサラダ。たっぷりの野菜にスモークダックとグリル・チキン、モッツァレラ・チーズ、そして抹茶がトッピングされています。またローストしたバラマンディ(地元で人気の白身魚)、レッドカレー添えは玄米茶を振りかけたご飯といただきます。日本人も驚きのお茶と料理の組み合わせを体験できます。

シノワズリ風のクラシックな壁のデザインはこの店のみ。落ち着いたムードを醸している。

1.シック・ティー・セット（S$42）。アフタヌーンティー・セットはほかに3種類ある。**2.**TWGティーの茶葉入りの缶と箱のデザインは、眺めているだけで幸せな気分に。**3.**この店以外にマリーナ・ベイ・サンズにはもう1つ店舗がある。**4.**シンガポール・ブレックファーストティー＆ヘーゼルナッツなど多彩なフレーバーがあるショコラコーナー。**5.**玄米茶を振りかけたご飯とカレーソースを添えた料理も。

🏢 The Shoppes at Marina Bay Sands, 2 Bayfront Avenue, B1-122/125
📞 6535-1837 🏠 無休 🕙 10:00〜21:30 ✈ 平日のみ時間によって予約可 💳 可

21

National Kitchen by Violet Oon

ナショナル・キッチン・バイ・バイオレット・ウーン

| MAP / P15-D2 | **RESTAURANT** |

ナショナル・ギャラリーのクラシックな造りに合わせた瀟洒なインテリア。

料理研究家のバイオレットさんがプロデュースした名店

子供の頃から家族がご飯を作る様子を見るのが好きだったという、バイオレット・ウーンさん。ご自身もプラナカンの出身で、趣味の料理が高じてレストランを開店することになったそう。プラナカンの料理でよく使うのはブルー・ジンジャー、イエロー・ジンジャーなどのショウガ類や、ニンニク、スパイス、ココナッツ・ミルク、パームシュガーなど。マレー料理に似ていますが、ポークもキノコ類も使います。食材にはこだわり、なんでもたっぷりと使うのがバイオレットさん流。エビも牛肉もみんな大きめ。そしてコクのある味つけで、ワインが進みます。

手前がクエ・パイティー、左奥はドライ・ラクサ（スープなし）、右奥はシチュー風のビーフ・レンダン。

DATA

🏠 1 St Andrew's Rd, #02-01 National Gallery 　☎ 9834-9935 　休 無休
🕐 12:00～15:00、18:00～20:30、金～日曜は12:00～17:00、18:00～20:30
予 要 ※電話またはオンライン 　C 可

Art di Daniele Sperindio
アート ディ・ダニエル・スプリンディオ

| MAP/ P15-D2 | **RESTAURANT** |

見慣れたマリーナ湾の景色も、この席から眺めると絵画のよう。セットランチはS$138〜。

ラ・スパーバなジェノバ料理を堪能したい

ナショナル・ギャラリーの6階。大きな窓から燦々と陽が差し込み、透明な空気が流れています。キャンバスのように真っ白なテーブル・クロス。そこにひとつ、ひとつ、置かれたアートのような料理。その美しさに心奪われます。シェフのダニエルさんは山と海に囲まれたイタリアの

ジェノバ出身。ラ・スパーバ(素晴らしいという意味)と呼ばれた街です。もともと食材が豊かなうえ、港にはヨーロッパ中からさまざまな魚介類や野菜が集まったといいます。シンガポールも同様に港町。東西からここに運ばれる食材を駆使して料理の可能性を広げています。

1.シンプルに置かれても絵になる前菜の数々。 **2.**シェフのダニエルさん。「前菜とパンはとても大切」
と語る。 **3.**ひまわりの種やカボチャの種などとハチミツでマリネしたウズラのローストは秋冬の定番。
4.メカジキのハムとブラッド・オレンジにくるくるっと巻かれたブレッドスティックを載せた前菜。 **5.**ヴィテ
ッロ・トンナート（仔牛肉のツナソース）とブラック・オニオン・キャビア、マスタードシード・フラワー
添え。 **6.**卵黄と小麦粉だけで作ったパスタにストックフィッシュを混ぜた一品は、ファンキーな味！

DATA

🏠 1 St. Andrew's Road, #06-02 National Gallery　📞 6866-1977　🈺 月曜
🕐 12:00〜14:00、18:00〜21:00　🈯 要 ※電話またはオンライン　🇨 可

LeVel33
レベル33

| MAP/ P15-D3 |　　**BAR**　　|

5種類のビールがセットとなっているテイスティング・パドルはS$23.5。

マリーナ湾の空と海！33階の自家製ビールで絶景に乾杯!!

　世界で一番高い場所にある醸造所、マイクロ・ブリュワリー。33.1ブロンド・ラガーやインディア・ペール・エール、ハウス・ポーターなど数多くのクラフト・ビールを醸造していて、季節限定のものもあります。迷ったら小グラスに5種類が並んで出される、ビール・テイスティング・パドルを頼んでみては。アペタイザーにお勧めはオーストラリアン・キングフィッシュのタルタル風。ビール入りポン酢と柚子胡椒が効いて食欲がそそられます。メインには和牛のグリル、ホームメイド熟成麹のソース添え、またはスズキの麦飯リゾットもなかなか。お食事もハイクオリティーです。

1.ビールだけでなくシャンパンやシンガポール・スリングなどのカクテルもある。 **2.**手前はスモーク・エアルーム・トマト、右奥がカルパッチョ。 窓の外が少しずつ暮れてゆく様子はとてもロマンチック。
3.マリーナ・ベイ・サンズのレーザー・ショーもここから一望できる。 テラス席は早めに予約を。

DATA

🏠 8 Marina Boulevard, #33-01 Marina Bay Financial Centre Tower1 　☎ 6834-3133 　🈺 無休
🕐 12:00〜24:00 　🈂 可 ※電話またはオンライン 　🆑 可

Gardens by the Bay

ガーデンズ・バイ・ザ・ベイ

| MAP / P15-D3 | **ACTIVITY** |

クラウド・フォレストの滝は屋内の滝としては世界一の高さ。こことフラワードーム、フローラル・ファンタジーの3カ所に入れるチケットは S$68。

ガーデンシティーのシンボル的な植物園

空に向かって枝を広げた形の、スーパーツリーと呼ばれる巨大な人工の木々は、遠くからでも目を引きます。ここは自然の植物を集めて造られた植物園。101ヘクタールもの敷地内で、150万本の植物を見ることができます。「ガーデンシティー」構想のもと、緑を増やす計画を立てて植樹に力を入れ、緑の公園をたくさん造ったシンガポール。その総仕上げとも言えるのがガーデンズ・バイ・ザ・ベイ。スーパーツリーを眺めた後は、涼しいフラワードームとクラウド・フォレスト、フローラル・ファンタジーに行ってみて。世界中の花や木に癒されます。

1.フラワードームのクリスマス特別展示。季節ごとに花や装飾を入れ替えるので、何回行っても楽しめる。**2.**地中海性の植物を集めているフラワードームでは、この奥にバオバブの木も。**3.**スーパーツリーは人工の木で、幹の周りには本物の植物が植えられている。

DATA

🏠 18 Marina Gardens Drive　📞 6420-6848　📅 無休　🕐 5:00～26:00 ※フラワードームとクラウド・フォレストは9:00～21:00、フローラル・ファンタジーは10:00～19:00、土・日曜・祝日は10:00～20:00　💰 入園無料 ※フラワードームS\$30など、別途料金必要な施設あり　💳 可　🅒 可

Marguerite
マルゲリータ

| MAP/ P15-D2 | **RESTAURANT** |

エビのタリオリーニ。コース料理（S$288〜）の一品。

花と木々に囲まれて、モダン・ヨーロピアン料理を

ガーデンズ・バイ・ザ・ベイのフラワードームの中にお店はあります。レストランの名前は"マーガレットの花"という意味。店の雰囲気はチャーミングで温かみのある花のイメージ通りです。オーナーシェフのマイケルさんは新しいメニューを考案することが大好き。「ニューカレドニアン・

ブループローン・タリオリーニ」もその一つで、ペースト状にしたエビを細くカットしてパスタのように仕上げ、エビのビスクをかけてマスの卵を載せた一品。薄いピンク色で花のような美しさが食欲をそそります。スパークリングワインと楽しめば、自由な発想の料理に心が満たされるよう。

1.ホタテとクローヌのロスコフ風、黒トリュフ添え。テーブルでシェフがスライスしてくれる。**2.**エグゼクティブ・シェフのマイケル・ウィルソンさん。素材の持ち味を大切にしながら枠にとらわれない調理法に挑戦。**3.**キッチンとダイニングが一体となったユニークな空間。ガーデンズ・バイ・ザ・ベイの入り口からはバギーカーでの送迎サービスもある。

DATA

🏠 18 Marina Gardens Drive, #01-09 Flower Dome.　📞 6604-9988　休 月曜
🕐 18:00〜22:30、土・日曜は12:00〜15:00、18:00〜22:30　予 要 ※電話またはオンライン　C 可

Chijmes

歴史を語り継ぐ都会のオアシス、チャイムス

多くの人々に寄り添い、その時々に役目を果たしてきた、チャイムス。
紹介している2店以外にもさまざまなレストランが入店していて世界の食が楽しめます。

1

19世紀の修道院が21世紀のワイン&ダインを演出する場所に

チャイムスは1800年代、上級判事の事務次官の住居として建てられ、その後ミッションスクール、孤児院などとして使われていました。後になって増築されたのがアングロフレンチ・ゴシックの礼拝堂チャペル。漆喰の壁や円柱に刻まれた南国の鳥や花、廊下のところどころにある螺旋階段。中に入るとベルギー産のステンドガラスの窓から柔らかい日差しを受けたフレスコ画が迎えてくれます。敷地内にはスペイン料理からインド、中華、日本食まで世界各国のレストランが軒を連ねています。

2 3

1.メインエントランスから入ってチャペルを見上げると、その美しさにしばし言葉を失ってしまう。**2.**その昔、修道女たちが歩いた中庭は、人々の憩いの場所になっている。**3.**人々を見守り続ける教会の建物。時代を超えて存在感を放っている。

Angro Indian

アングロ・インディアン

| MAP/ P15-D2 | **RESTAURANT** |

英領インドの雰囲気が漂う、北インド料理店

　ちょっと小腹が空いたときにはサモサをミントソースに浸けて食べ、たくさん食べたいときにはタンドゥーリ・ミートのコンボをバターチキンやナンとともに。開放感のあるアルフレスコ・スタイルの小さなカフェ・バーですが、ワインやカクテルを楽しみながら、インド亜大陸のグルメを楽しめます。食べ物に関しては保守的で本国の味に強いこだわりがあるインドの人々。そんなインド人、そしてインドを旅したことのある外国人観光客にも満足してもらえるよう、本場の味を忠実に再現しています。

1. オープンエアのテーブル席では、チャイムスの中を歩く旅人たちを眺めながら食事ができる。
2. ミントソースとトマトソースが付いてくる、ベジタリアン・サモサ。チャイにもビールにも合う。**3.** ボリュームたっぷりのタンドゥーリ・ミートのコンボと、みんなが大好きなバターチキンカレー。

DATA

🏠 30 Victoria Street, #01-13 Chijmes　📞 6873-2750　休 なし
🕐 12:00〜23:00、土・日曜は12:00〜23:30　予 可　C 可

Lei Terrace
レイ・テラス

| MAP/ P15-D2 | **BAR & RESTAURANT** |

バーというよりミニ・ギャラリーのような外観。昼間の余韻が残るテラスでまずは冷たいドリンクを。

ガーデンテラスで中華料理を肴にカクテルを

エレガントな中華レストラン「レイ・ガーデン」が、カクテルやワインを飲めるバーをオープン。チャイムスの中庭に面した、心地よい空間です。金木犀のオスマンタス・スアン・カクテルや薔薇の花のローゼル・メイ・カクテルは、中国茶に使われる花やハーブを香り付けに使っています。

またコーヒー風味のエスプレッソ・マーティン・カクテルなどは「レイ・テラス」だけのオリジナル。料理はレストランのメニューの一部も注文でき、バーだけのメニューも用意されています。ここで飲みながら食事もOK。レストランで食べてバーでゆっくり過ごすのもよし。

1.写真左から薔薇の香りのローゼル・メイ・カクテル、金木犀の香りのオスマンタス・スアン・カクテル。一番右がコーヒー党にお勧めしたいエスプレッソ・マーティン・カクテル。**2.**カニのフライの白トリュフ・ソース添えとガルーパ・フィレのソテー、ロシアン・サラダ添え。**3.**「レイ・テラス」をオープンする数カ月前から、新しいカクテルの開発を進めてきたそう。珍しいカクテルをぜひ楽しんで。

DATA

🏠 30 Victoria Street #01-K10/K10A Chijmes　☎ 6339-3822　🈺 無休
🕐 11:30〜15:30、18:00〜22:30　🈯 可　🅲 可

共同体から生まれた大衆料理
さまざまなルーツを持つローカルフード

多様な民族・国籍の人々が集まるシンガポール。
親しまれてきたローカルフードのルーツもさまざまですが、人気はこちらの5つ。
ぜひご賞味を

ローカルフードの人気ベスト5はチキンライス、チリクラブ、フィッシュヘッドカレー、バクテ、ラクサで、これらの料理に共通しているのは大量に作って大勢で分けられること。19世紀に開拓がはじまったシンガポールでは、多くの移民労働者が、男性も女性も忙しく働き、自宅で調理している時間がなかった

そう。裸電球の下で営業していた屋台で家族みんな、同僚も近所の人たちも一緒にご飯を食べていたとか。いわゆる Communal Dining（直訳すると共同飲食）です。これらは、そんな時代を思い起こさせる味でもあります。

No.1 ラクサ
Lakusa

エビ・ペーストのブラチャンというソースやいろいろなショウガ、ターメリックなどのスパイスと、ココナッツミルクで作ったスープがおいしい麺料理。エビや油揚げ、魚のすり身、ゆで卵やもやしを入れ、最後にラクサの葉のみじん切りをふりかけて出来上がり。コックルという貝を生のまま落とすのは通好み。味付けはマレー風で、ブラナカン料理とも言えます。

No.2 チキンライス
Chicken Rice

海南鶏飯とも呼ばれるけれど、海南島にこのような料理はなくて、シンガポール発祥という説が根強くあります。鶏を丸ごと茹でて、その茹で汁で炊いたご飯、スープ、そしてチリソースと甘辛いダーク・ソイソースをつけるのが一般的。ローストチキンを使ったものも。

No. 3 チリクラブ
Chili Crab

近海で捕れるマッド・クラブというカニを炒め、辛くて少し甘味のあるチリソースに絡めたチリクラブは、ローカルフードの中でも不動の地位を獲得。シンガポールに来たら絶対食べたい料理のナンバーワン。でもチリクラブに飽きたらブラック・ペッパー・クラブやゴールデン・ソルテッド・エッグ・クラブなどほかのカニ料理も試してみて。

No. 4 バクテ
Bak kut teh

ニンニクやコショウをいっぱい入れて煮込んだポークリブのスープは、豚骨ラーメンのスープに似ているようで、また違う味。通は油条という揚げパンをスープに浸して食べ、次にご飯と一緒に食べるとか。ポークが苦手な人には、肉の代わりにソーメン風の麺をスープに入れたミースアがさっぱりしていてお勧め。豆苗の炒め物、空芯菜などの野菜もお忘れなく。

No. 5 フィッシュ ヘッドカレー
Fish Head Curry

カレーと言っても本国のインドにはない料理。南インド・ケララ州出身のゴメスさんというインド人が、魚の頭を煮込んで中国系の人にも喜んでもらえるようなカレー料理を考案したのが始まり、とのこと。それでゴメス・カレーとも言われます。大勢で分け合う料理ですが、小サイズは2人でも食べられそう。

YY Kafei Dian

YY・カフェイ・ディアン

| MAP/ P15-D2 | **RESTAURANT** |

地元っ子と一緒にコピ&カヤトーストを食す

　ラッフルズホテル正面入口から
ビーチロードを歩いてゆくと2〜3階
建てのショップハウスが並んでいて、
その一角にあるのがこのコピ・ティア
ム。マレー語でコーヒーショップとい
う意味でご当地風食堂。シンガポー
ルの朝食や午後のスナックにはココ

ナッツ味のカヤジャムをつけて食べ
るカヤトーストが定番。網焼きのパン
は香ばしく、中身はふわっとしていま
す。半熟卵には苦味のある中華醤油
とコショウをかけるのがシンガポー
ル風。他にもチキンライスや麺類など
本格的な料理が気軽に楽しめます。

1.手前がチキンライスのセット（S$4.50）、左奥が牛肉麺（ビーフ・ホーファンS$6）、そして揚
げ豆腐炒め（S$6）。**2.** A slice of Singapore（シンガポールのひときれ）と呼ばれるお店！ 朝
から行列ができる。**3.**ここのカヤトーストは炭火焼きで、卵は適度な半熟。

DATA

🏠 37 Beach Road,#01-01　☎ 6336-8813　🏠 無休
🕐 7:30〜19:00、土・日曜は8:00〜19:00　🍴 不要　💳 可

Singapore

Orchard
&
Tanglin

― オーチャード＆タングリン ―

ショッピングのメッカ、オーチャード・ロードから西の方へ進むとタングリン・ロードに。
この道路沿いには多くの高級ブランドのブティック、レストランやカフェが集まっていて、
シンガポール在住の外国人もよく買い物をしています。

Les Amis

レザミ

| MAP/ P15-C1 | **RESTAURANT** |

ポテト・サラダの概念を覆す一品。ランチのコースはS$295〜

一度は行ってみたい、憧れのフレンチ・レストラン

シャンデリアが輝き、壁にはボルドー色のファブリック、テーブルクロスもカトラリーもフランス製。一瞬少し緊張しますが、迎えてくれたシェフのセバスチャンさんは笑顔を絶やさず、とてもフレンドリー。テーブルに置かれたアペタイザーはポテトサラダ（写真上）。キャビアを中心

に一口サイズのポテトが回りを囲み、バジルの花が添えられたアート作品のような一品です。キャビアもオリーブオイルも、シェフが生産者とともに開発した食材で、そこが「レザミ」のこだわり。ポテトとキャビアが口の中で柔らかく溶け、シャンパンとの相性も最高です。

1.ここはメインダイニング。中2階、そしてプライベートルームもある。心地よい広さと空間。**2.**シェフのセバスチャン・レピノイさんはアジアにおけるフランス料理のガーディアン（守護者）的存在。**3.**シェフのテーブルはシェフが料理を作っている様子を眺めながら食事ができる"特等席"。

DATA

🏠 1 Scotts Road, #01-16 Shaw Centre　☎ 6733-2225　🕐 無休
🕐 12:00〜14:00、19:00〜21:00　✈ 要 ※電話またはオンライン　🅲 可

Bacha Coffee
バシャ・コーヒー

| MAP / P15-C1 | **CAFE** |

モロッコ発祥のコーヒー専門店。グルメ料理も試したい

モロッコの都市・マラケシュで海外からの賓客をコーヒーでもてなしたという宮殿の名前に由来する「バシャ」。ここにはアラビカ豆のみ200種類以上のコーヒーが集められています。コーヒーと一緒に試してほしいのはフィリング（詰めもの）入りクロワッサン。1910コーヒーとチョコレート、カヤジャム（ココナッツベースのジャム）など9種類あります。食事もフレンチオムレツ、マッシュルーム添え、ロメスコソースがけなど凝った品がいろいろ。シェフは中東料理も得意で、モロッコの伝統食モロカンケフタは後を引く美味しさ。コーヒー風味のカクテルとの相性もいいです。

クロワッサンはチーズ入り、マッシュルーム入りもあって、フィリングがたっぷり。

1.人気のモロカン・ケフタ（S$36）は牛肉のミートボール。スウイートハートコーヒー入りのモヒートがよく合う。**2.**物販コーナーではバリスタがその場でコーヒー豆を挽いてくれる。**3.**コーヒーはすべてオリジナルのポット入りでカップにたっぷり3〜4杯分（S$10から）。

DATA

🏠 2 Orchard Turn, #01-15/16　☎ 6363-1910　休 無休　営 9:30〜22:00
予 9:30〜12:00と18:00〜21:00は電話にて予約可。週末、祝日と祝前日は不可。　C 可

Nassim Hill Bakery Bistro Bar

ナッシムヒル・ベイカリー・ビストロ・バー

| MAP/ P14-B1 | **RESTAURANT & BAR** |

手前がスズキのフィレ。左がチリクラブのパスタ。奥のサンドイッチには野菜がたくさん付く。

近所に住む外国人が気軽に訪れる、ビストロ風カフェバー

オーチャード・ロードからタングリン・ロードに入ると、都心部の喧騒から離れ、落ち着いた感じになります。各国大使館が集まっており、外国人が多いエリア。このビストロ風のレストランは無国籍な雰囲気で、料理もフュージョン的です。チリクラブ・パスタ、ラクサ・パスタなどローカル・フレーバーを取り入れたパスタは定番メニュー。スズキのフィレ・スピナッチソース添えのようなシェフが考案した新作も人気。スパイシーなシーフード・スープにはエビや魚がたっぷり入っていて濃厚な味。毎朝焼くフレッシュなバゲットが付いてきます。ワインのリストも充実。

1.小鳥のさえずりが心地よいテラス席。週末は家族連れで賑わう。2.スパイスの効いたシーフードのスープ。ホームメイドのパンやペストリーなども試してほしい。3.ステンドグラスやワインの棚が印象的な店内。外の光と店内の灯がいい具合に混じり合った空間は、落ち着いて食事が楽しめる。

DATA

🏠 56 Tanglin Road, #01-03　📞 9099-6405　🏖 月曜
🕐 8:00～22:00　🎫 可 ※電話またはオンライン　💳 可

SARAI Fine Thai
サライ・ファイン・タイ

| MAP/ P14-B1 | **RESTAURANT** |

イーサーン出身の女性シェフが作る、優美なタイの宮廷料理

タングリンモールの2階にオープンしたばかりの「サライ・ファイン・タイ」。高級レストランらしい、モダンなインテリアで奥の方にはバーカウンターもあります。ここのシェフはタイ料理歴27年のリサさん。出身のタイ東北部イーサーンはスパイスを駆使した刺激的な料理で知られる地方ですが、彼女の料理はより洗練されています。たとえばメイン料理のワイルド・マッシュルームとグリルしたエビのサラダ。シンプルでヘルシーな一品ですが、タイ料理らしい酸味と甘味がほどよく、上品な味です。タイのワインもあるのでこの機会に試してみては。

すっきりとエレガントなインテリア。バーカウンターのお酒も種類が多い。

1.辛めの料理のあとで、とろけるようなパンダンの香りのココナッツ・プディングを。2.タイ南部カオヤイで、ぶどう園を営んでいた家族のワイナリー「グランモンテ」から仕入れるワイン。3.爽やかなエビのサラダはメイン料理のひとつ。コースはランチがS$58〜。

DATA

🏠 163 Tanglin Road, #03-122 Tanglin Mall　☎ 6737-0818　㊡ 無休
🕐 11:30〜15:00、17:30〜22:30　⊕ 要 ※電話またはオンライン　© 可

Design Orchard
デザイン・オーチャード

| MAP/ P15-C1 | **SHOP** |

世界に羽ばたくブランドが育つ予感

お店のロゴにはLive Love Local という文字が刻まれています。このうちローカル、つまり地元ブランドを育てようという試みがデザイン・オーチャードのプロジェクト。プラナカンの女性が着ていたブラウス・ケバヤをもとにしたトップ、バティックのお洒落なホームウエア、アジアン・テイストのアクセサリー、オーガニックのコスメ、廃材を使ったインテリア。シンガポールを拠点としたデザイナー100人の作品が集められています。

1.東南アジア伝統のバティック（ロウケツ染め）風の布地で現代的にデザインしたドレスや小物。
2.アニマル・プロジェクトには数人のデザイナーが参加。**3.** Photo Phactoryというブランドを立ち上げた Valley Arora さんの作品。コースターは6枚 S$70。

DATA

🏠 250 Orchard Road　📞 6513-1743　🏖 無休
🕐 10:30〜21:30　💳 可

Singapore

Chinatown
&
Tanjong Pagar

─ チャイナタウン＆タンジョンパガ ─

中国系移民の一世がこの周辺に住みはじめて形成されたチャイナタウン。

タンジョンパガも中国系シンガポーリアンが多いエリアです。

レストランも多く観光地化していますが、

旧正月ともなれば正月用品や伝統の食材を求める地元の人々で賑わいます。

Discover Chinatown

南洋華人のパワーがみなぎる中華街

シンガポールの発展を推し進めてきた中国系移民の街・チャイナタウン。
再開発の中、伝統を守る人々の営みがここにはあります。
路地裏の小さな店で掘り出し物が見つかるかもしれません

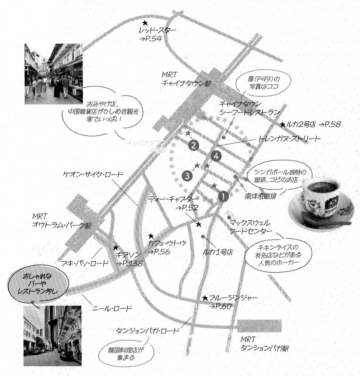

★ レッド・スター →P.54

MRT
チャイナタウン駅

おみやげ店、
中国雑貨店がひしめき観光
客でいっぱい

扉(P.49)の
写真はココ

チャイナタウン
シーフードレストラン

★ ルカ2号店 →P.58

トレンガヌ・ストリート

ケオン・サイク・ロード

シンガポール独特の
珈琲、コピのお店

南洋老珈琲

ティー・チャプター
→P.52

MRT
オウトラム・パーク駅

マックスウェル
フードセンター

★ カフェ・ウトウ
→P.56

★ ギブソン
→P.138

ルカ1号店

チキンライスの
有名店などがある
人気のホーカー

フキ・パソ・ロード

おしゃれな
バーや
レストランタ゛レ

★ ブルージンジャー
→P.60

ニール・ロード

タンジョンパガ・ロード

MRT
タンションパガ駅

韓国料理店が
集まる

中国系シンガポーリアンのルーツが垣間見える場所

　トレンガヌ・ストリートから両側に延びる狭い通りを歩いてみてください。中国雑貨や食材、食器類、書道の道具もあれば、きらきらした装飾品、神様の像や招き猫など雑多なものが押し寄せてきます。バクワという

BBQポークや中国漢方の匂いも流れてきます。アンシャン・ヒルやタンジョンパガの方に行くと、お洒落なレストランやカフェも。伝統とモダンが入り混じって進化する街のパワーを感じるでしょう。

① ブッダ・トゥース・レリック寺院

Buddha Tooth Relic Temple

その名の通り、ミャンマーで見つかったという仏陀の歯を納めている寺院。唐王朝時代の建築物の中には弥勒菩薩像が鎮座しており、その煌びやかさは極楽浄土のよう。パワースポットの異名も納得です。3階には仏陀博物館も。

🏠 288 South Bridge Road
☎ 6220-0220 　休 無休 　🕐 7:00〜17:00
　　　　　　　　　　　　▶ MAP / P15-C3

② メイヒョンユエン・デザート

Mei Heong Yuen Dessert

甘いもの好きな地元の人々で賑わう、ローカル・スイーツの店。みんなが大好きなデザートといえばアイスカチャン、かき氷です。カチャンはマレー語で豆とかナッツの意。マンゴやドリアンなどトロピカルフルーツ味が人気です。S$5〜。

🏠 63-67 Temple Street
☎ 6221-1156 　休 月曜 　🕐 12:00〜21:30
🅒 不可 　　　　　　　　 ▶ MAP / P15-C2

③ インドネシアン・バンブーケーキ

Indonesian Bamboo Cake

クエ・トゥトゥの名前でも知られるお菓子で、オーナーによるとスマトラが発祥だとか。お米の粉を竹筒に詰めて蒸した後、パームシュガーとココナッツをふりかけた素朴なスイーツ。3個でS$2。懐かしい味に癒されます。

🏠 Trengganu Street（露店）
☎ なし 　休 無休 　🕐 12:00〜20:30
🅒 不可 　　　　　　　　 ▶ MAP / P15-C3

④ サゴ・ハウス

Sago House

フィリピン人アーティストが描いた壁画が印象的ですが、店内はいたって素朴。創業者の若い男性2人と女性1人が手作りしたバーです。通りの端の方の階段を上がった3階にオープン。毎週新しく登場するカクテル（S$20）が楽しみ。

🏠 40B Sago Street 　☎ 8874-9936 　休 月曜
🕐 18:00〜24:00 　✈ 要（電話またオンライン）
🅒 可 　　　　　　　　　 ▶ MAP / P15-C3

Tea Chapter
ティー・チャプター

| MAP / P15-C3 | **CAFE** |

茶芸(ティーセレモニー)を眺め、中国茶を楽しむ贅沢なひととき。茶器や茶葉は1階のショップで販売。

エリザベス女王も訪れたティーサロンで中国茶を

30数年前、このサロンが開店して9日目にイギリスのエリザベス女王とフィリップ殿下が来店。インペリアル・ゴールデン・カシアというお茶を飲まれたそうです。「とても幸運なことでした」と創業2代目のリーさん。中国・台湾から輸入する30種類以上のお茶から好きなものを選ぶと、お茶のスペシャリストが入れ方を教えてくれます。小さなカップで少しずつ味わうのが作法。お茶請けにはシナモン、スターアニス、四川山椒などのハーブとウーロン茶で8時間も茹でたティーエッグが乙な味です。またオリジナルのクッキーや点心もあり、小皿料理は軽食にもなります。

1.エリザベス女王がお茶を飲まれた部屋は「クイーンズルーム」と呼ばれている(室料S$10)。
2.手前が点心のプラタ(S$4)とティー・エッグ。お茶はS$9から。3.チャプター7クッキーのほか、ジェリーやドラゴン・ライスボールなどのスイーツも。

DATA

🏠 9 Neil Road　☎ 6226-1175　🈺 無休
🕐 11:00〜21:00、金・土曜は11:00〜22:30　💳 可 ※電話またはオンライン　🅲 可

Red Star
レッド・スター

| MAP / P15-C2 | **RESTAURANT** |

店員さんたちはみんな気さくで、蒸籠の中身を見せてくれたり、注文票の記入を手伝ってくれる。

言葉は通じなくても、蒸籠の中身を見て注文できます！

チャイナタウンの外れの古い政府公団住宅群。その一角にあるのが「レッド・スター」です。いくつものワゴンが蒸籠や小皿を運び、シュウマイや春巻き、揚げワンタン、肉まん、大根餅、バナナとエビの湯葉巻きなどその種類は70以上あります。ヤムイモの肉詰めを揚げたもの、ソフトシェ

ル・クラブ、エッグタルトなどはご当地ならでは。創業者4人全員が中華料理のシェフだっただけあってメニューは充実しています。点心以外にも塩漬け卵黄の衣を付けたエビのから揚げ、鹿肉の炒め物のおつまみ風のほか、フカヒレ、アワビなど豪華なシーフードもあるのでディナーにもぜひ。

1.数人で分け合うといろいろ食べることができるけれど、この店は1人でも入りやすい。**2.**アツアツで運ばれてくる蒸籠。中にはオーダーを受けてから作るものもある。**3.**シンガポールでは珍しい、本格的な香港点心の店。中華圏の賑わいを体験できるのもこの店ならでは。

DATA

Block 54, Chin Swee Road, #07-23　　6532-5266　　無休
8:00〜15:00、18:00〜21:30　　セットメニューは予約可(点心は不可)　　可

Kafé Utu
カフェ・ウトゥ

| MAP/ P15-C3 | **RESTAURANT** |

左はビディバディという名前のチョコレート風味のコーヒー。右はダークチョコレート、カイエンペッパー、パプリカを使ったドリンク、カカオ・カリ。北海道ミルクのクリームがトッピングされている。

太陽の神が宿るラウンジで、アフリカンな夕べを

ジャック・チュアンの通りの中でもひときわ目を引くカフェ・ラウンジ風レストラン。店名はスワヒリ語で「太陽の神」という意味。レンガ風の壁に観葉植物や木彫りの動物、カラフルなアート作品などが飾られています。料理はアフリカ各地の味を集めていて、リベリアのピーナッツ・チキン・シチュー、スワヒリ・フィッシュ・カレー、ナイジェリアのポークシチュー、モロッコのレモン・チキンなど。前菜のサンセット・カリフラワーはハーブやひまわりの種入りで苦味と酸味がちょうどいい感じにミックスされています。ケニア産のジンをベースにしたカクテルとともに楽しんで。

1.中央がスワヒリ・フィッシュ・カレー（S$29）で、手前がサンセット・カリフラワー（S$16）で、どちらもビールやジンに合う。**2.**2階奥にはテラスもある。**3.**カラフルでチャーミングなインテリア。

DATA

🏠 12 Jiak Chuan Road　📞 6996-3937　🈺 月・火曜
🕐 10:00〜17:00、18:00〜23:00、土・日曜は9:00〜17:00、18:00〜23:00　🈲 不可　💳 可

Lukā
ルカ

| MAP/ P15-C2 | **RESTAURANT** |

薪窯で焼くピザと日本人シェフの創作料理が人気

10年以上前にイタリアから持ってきたオーブンは、シンガポールに上陸した初めてのナポリ窯でした。普通の窯より高温になるため、この窯で焼いたピザは縁の部分が大きく膨らみ、中の方はやわらかくもちもち。小麦粉の種類、熟成の時間を調整するなど、今も試行錯誤をしていると

か。また北イタリアで学んだ、ピエモンテの郷土料理・仔牛肉のラヴィオリも得意料理のひとつ。日本から仕入れた魚介類で作るカルパッチョやパスタも同店ならでは。わいわい賑やかに食べてほしい、というシェフの思い通りの、カジュアルなリストランテです。

オーナーシェフの奥野さん（右）とシェフの吉川さん。和のテイストも生かした調理法でファンを増やしている。タンジョンパガ・ロードに1号店があり、こちらは2号店となる。

1.手前がマルガリータ・ピザ（S$22）で奥がカルパッチョ。**2.**季節の魚のパスタ。日本から空輸する海鮮類を使った料理に定評がある。**3.**ナポリの職人が作った薪窯は400度くらいの高温になる。**4.**ワインの種類も豊富。カウンターテーブルでワインを！**5.**ポップアートのような外観。

DATA

🏠 20 Cross Street Exchange, #01-36（1号店は18 Tanjong Pagar Road）　📞 6970-5943　㊡日曜
🕐 12:00〜14:30、17:30〜22:30　🍴要　🅒可

The Blue Ginger
ブルー・ジンジャー

| MAP / P15-C3 | **RESTAURANT** |

手前の料理がニョーヒョンという湯葉巻きミートボール（S$16）、その右がチャップチャイという野菜の炒め煮。左奥がクエ・パイティー（S$9）、右奥が魚のスパイシー・タマリンド・グレイビー。

ニョニャたちが腕を振るった料理の数々を再現

プラナカン（P62参照）の女性たちはニョニャと呼ばれ、手芸が上手でお洒落、そして料理の達人だったとか。このお店にもそんなニョニャたちの手の込んだ料理が受け継がれています。代表的なものがチキンのブアクルア・ナッツの煮込み。このナッツは毒性があるため、灰の下に何十日も置いたり水に浸したりして毒抜きをしてから調理します。火を通すと黒くなるため、この料理は真っ黒なタールのようですが独特の苦みと甘みがあり、ぜひ試してほしい一品。店内にはプラナカン・アーティストの絵が飾られていて、インテリアも素敵。ビールやワインも揃っています。

1. ショップハウスを改装した店はプラナカンの邸宅風で落ち着いた雰囲気。**2.** スタッフの方がプラナカン料理について丁寧に説明してくれる。**3.** もち米にココナッツ・ミルクをかけたプル・ヒタムはお勧めのデザート。

DATA

🏠 97 Tanjong Pagar Road　☎ 6222-3928　休 無休
🕐 12:00〜15:00、18:30〜22:30　予 要 ※電話またはオンライン　C 可

Column.3

中国とマレー半島の文化が融合した カラフルで多彩なプラナカン文化

今注目されているプラナカン独特の住宅や優美な装飾品。
カトン地区の通りや専門店で見ることができます。
パステルカラーの街並みをぜひ歩いてみて

プラナカン文化とは?

15世紀後半ごろに中国から移民し、マレー半島に根を下ろした人たちがプラナカン(南洋華人)。マレー人やヨーロッパの人などと結婚した人も多いので混血の子孫もいます。女性はニョニャ、男性はババと呼ぶのもプラナカンならでは。シンガポールではカトン地区がその中心地です。クーン・セン・ロード沿いの住宅(写真❶)などでプラナカン独自の装飾・料理・伝統品を見ることができます。

デザインについて

裕福だったプラナカンの人々は、ネオゴシックやバロック調の西洋建築様式を取り入れたテラスハウスという邸宅(写真❶)に住み、家具の装飾も豪華。食器も鳳凰や花をモチーフにしていて華やかです(写真❸)。またニョニャたちは手芸に長けていたそうで、刺繍のブラウスや細かいビーズを付けたサンダル(写真❷)など芸術品のような作品を作って暮らしに彩りを添えていました。

料理について

プラナカンの料理はニョニャ料理とも呼ばれ、ショウガやニンニク、ハーブ・スパイス、ココナッツミルクなどを使うため手間暇がかかり、その味つけはマレー料理に近く濃厚なもの。チキンのブア・クルアナッツ煮込み、エビのチリソース炒めなど、甘辛いものが多いです。クエ・パイティー(写真❹)のようなスナックや、クエ(写真❺)と呼ばれるお菓子も得意。

プラナカン文化と出合える場所

Rumah Kim Choo
ルマ・キムチュー

DATA ▶ MAP/P15-D4

🏠 111 East Coast Road, 📞 6741-2125
🈺 無休 🕐 9:00~21:00 📋 不要(ワークショップ参加者は要予約) 💰 入館無料

Peranakan Museum
プラナカン博物館

DATA ▶ MAP/P15-C2

🏠 39 Armenian Street 📞 6332-7591 🈺 無休 🕐 10:00~19:00、金曜は10:00~21:00 💰 大人S$12

TIONG BAHRU

古くて新しい街、ティオン・バール

初期の政府公団住宅など、昔ながらの街並みが残るティオン・バール。
この街にアーティストや外国人が住み始め、お洒落なカフェやショップが登場しました

数年間外国に住み、シンガポールに戻ってきたとき自分たちの文化に目覚めたというイエニさん。

YeniDraws & Friends

イェニドローズ＆フレンズ

| MAP / P15-C2 | **SHOP** |

シンガポールらしいお土産を見つけるならここ！

ティオン・バールで生まれ育った、アーティストのイェニさんが運営するギフトショップ。イェニさんが描くイラストはプラナカンのショップハウスや籐椅子、ティンカットというお弁当箱など、シンガポールの人にとって身近な風景。プラナカン特有のパステルカラーだけでなく、濃いオレンジや紫、黄緑、紺を使い色鮮やかです。イラストはフレームにしたり、皿やティータオル、エプロン、クッションなどにして販売。お店はシンガポール最古の政府公団住宅、ブロック55にオープンしたばかり。他のアーティストの作品もイェニさんが選んでいてセンスを感じます。

1.インド綿のドレスなど、海外からセレクトした品も並ぶ店内。**2.**イェニさんがデザインした絵葉書やコースター（S$6.90）など。レストラン・ガイドブックの表紙にも使われている。**3.**シンガポールのルドラクシャ（菩提樹の実）を使った、ヒーリング・アクセサリーとして人気のあるメラ・サガのアクセサリー。

DATA

🏠 55 Tiong Bahru Road, 01-53　☎ なし　🈺 月・火曜
🕙 10:00〜17:00、日曜は12:00〜16:00　🇨 可

Creamier

クリーミァ

| MAP/ P15-C2 |　　**CAFE**　　|

熱帯の果物のフレーバーが詰まったアイスクリーム

開店したばかりの頃にはいつも行列ができていた、クラフト・アイスクリームのカフェ。オスマンタス・ライチ、ルビー・オレンジ・チョコレート、プル・ヒタム、タイ・ミルクティーなど、ほかではあまり見かけないフレーバーがそろっています。ティオン・バールを散歩したら、ぜひ立ち寄って。ワッフルにシングルスクープのアイスクリームを3つ載せたトリプルもペロッと食べられそうです。同店はハートランドと呼ばれる下町風のトアパヨにもお店があり、地元の人たちが通っています。

1.間口は狭いけれど、店内は奥行きがあり小さな庭もある。**2.**ブルーピー・バニラ、サマー・ストロベリー、マンゴ・パッションフルーツのトリプル（S$18）。**3.**シーソルト・グラ・メラカ、アールグレー・ラベンダー、ハニー・ポッキーなど珍しいフレーバーも揃う。全12種類。

DATA

🏠 78 Yong Siak Street, #01-18　📞 8817-9986　㊡ 月曜　🅲 可
🕐 12:00〜22:00　🈂 不要　🅲 可

Singapore

Little India

─ インド人街 ─

バッファロー・ストリートやリトル・インディア・アーケードといったにぎやかな商店街。

いたるところで見かけるガネーシャ像や仏像。

ここにはインドの地方都市と変わらない雰囲気があふれています。

Discover Little India

混沌と神聖さが共存するリトル・インディアへ

同じ英国植民地だったことから、インドから大勢の労働者がやってきたシンガポール。
ヒンズー寺院を建立し、インド食材などの商店を
次々とオープンさせてできたのがインド人街です

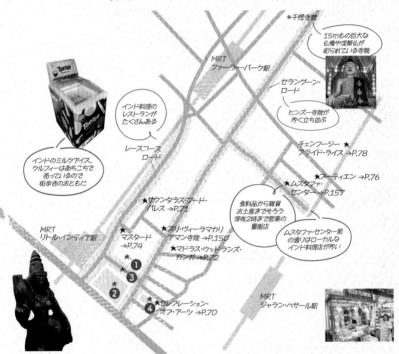

千燈寺院

15mもの巨大な仏像や涅槃仏が祀られている寺院

MRT
ファーラー・パーク駅

セラングーン・ロード

ヒンズー寺院が多く立ち並ぶ

インド料理のレストランがたくさんある

レースコースロード

インドのミルクアイス、クルフィーはあちこちで売っているので街歩きのおともに

チェンフージー フライド・ライス →P.78

ブーティエン →P.76

★ムスタファ・センター →P.157

★サクンタラス・フード・パレス →P.71

食料品から雑貨 お土産までそろう 深夜2時まで営業の 量販店

ムスタファ・センター前の通りはローカルなインド料理店が多い！

MRT
リトル・インディア駅

★マスタード →P.74

★スリ・ヴィーラマカリ アマン寺院 →P.150

★マドラス・ウッドランズ・ガンガ →P.72

❶
❸
❷

★セレブレーション・オブ・アーツ →P.70
❹

MRT
ジャラン・ベサール駅

VEDA FLOWERS

ローチョー運河を越えるとそこは、インド亜大陸の縮図のよう

リトルインディア・アーケードやバッファロー・ロードを歩くと、ジャスミンの花の香りやスパイスの匂いが漂い、聞こえてくるのは早口言葉みたいなタミール語の会話と賑やかなボリウッド音楽。インド人街もまた活気があふれています。通りで見か

けるのは、バナナの葉が積まれている青果店、孔雀の羽根が飾られた雑貨屋、サリーのお店や宝石店も。歩き疲れたらレストランでインドカレーを食べたり、チャイやラッシーを飲んでひと休み。余力があればムスタファセンターでのお買い物もぜひ。

1 タン・テンニア氏の カラフルな邸宅群

Residence of Tan Teng Niah Heritage Site

インド人街でスイーツを製造販売していた中国系ビジネスマン、タン・テンニア氏が1900年ごろに建てた邸宅。奥さんのために趣向を凝らした家を建てたと言われています。1980年代により美しく改装されました（中には入れません）。

🏠 35 Kerbau Road　　▶ MAP/P15-D1

2 テッカ・センター

Tekka Centre　　▶ MAP/P15-C1

シンガポールで最大のウェット・マーケット（朝市のこと、床が濡れていることから）。1Fには生鮮食品の市場とホーカーが、2階にはサリーなどの衣料品の店がびっしり。店内にも仏像が置かれて、お線香や食べ物が供えられています。

🏠 Bukit Timah Road　　休 月曜
⏰ 5:00〜25:00、土・日曜5:00〜24:00（店によって異なる）　C 不可

3 バッファロー・ロード

Buffalo Road　　▶ MAP/P15-D1

インド人街の中でも、もっともインドらしい情緒のある通り。花のレイの露店も多く、このあたりはインド系シンガポーリアンが日常的に買い物に訪れます。マサラ・チャイの素、パパダムというお煎餅風のチップスなどはお土産になりそうです。

おすすめ店舗／サイ・シャンムガ・ミニマート
🏠 50 Buffalo Road　　📞 9121-2191
休 無休　⏰ 5:30〜23:30　C 可

4 リトル・インディア・アーケード

Little India Arcade　　▶ MAP/P15-D1

テッカマーケットの向かいにあるショッピング・アーケード。インテリア小物、アクセサリーやお土産物、ヘナ・タトゥーや化粧品のほか、コットンブラウスなどインド製の衣料品が目につきます。手作りのインディアン・スイーツを販売する店も。

🏠 48 Serangoon Road　　📞 6295-5998
休 無休　⏰ 9:00〜22:00（店によって異なる）
C 店によっては不可

Celebration of Arts

セレブレーション・オブ・アーツ

| MAP/ P15-D1 | **SHOP** |

芸術はカオスから生まれる？ インド雑貨の宝庫

芸術の祭典、という店名ですが、実際には混沌としたお店で、「美は乱調から生まれる」という言葉を思い出します。木彫り製品、綿のテーブルクロスやベッドカバー、刺繍のクッショ ンやショール、さまざまな形の張り子。いろんな装飾品が無秩序に置かれています。サンダルウッドやジャスミンのお線香、象や孔雀の絵のバッグなどがお土産に喜ばれそうです。

1.店員さんはインド人街の看板娘的な存在？ **2.**大理石で作られている象の置き物（S$28〜） **3.** お土産人気ナンバー1のジュエリー・ボックス（S$3〜）。

DATA

🏠 48 Serangoon Road, #01-72 Little India Arcade　📞 6392-0769　📅 無休
🕐 9:00〜21:00　💳 可

Sakunthala's Food Palace

サクンタラス・フード・パレス

| MAP/ P15-D1 | **RESTAURANT** |

開拓民の知恵から生まれたダイナミックなカレー

女性オーナーが運営する店で、名物はフィッシュヘッドカレー。そしてこれはシンガポールの名物料理でもあります。もともと魚の頭を煮込んでカレーにしようと思いついたのは、開拓時代の人々でした。魚のだしが滋味豊かで、スパイスの絶妙な調和が決め手です。ここのカレーはレモンがアクセント。濃厚でいてさらっと食べやすくご飯が進みます。

フィッシュヘッドカレーの小サイズは S$26。ハラル認定店なのでアルコールはない。

DATA

66 Race Course Road　6293-6649　無休
11:00〜22:30　可 ※電話またはオンライン　C 可

Madras Woodlands Ganga

マドラス・ウッドランズ・ガンガ

| MAP / P15-D1 | **RESTAURANT** |

ベジタリアン向けとしては珍しく、お酒が飲める粋なカレー屋

　大通りから少し路地に入ったところに、素朴ながら心地よい雰囲気のベジタリアン・レストランがあります。インドの定食ターリ、クレープ風のチャパティーやドーサなど南インドのベジタリアン料理と、スパイシーなフュージョン料理を提供。菜食といっても豆やナッツをたくさん使い、スパイスが効いているのでインパクト充分。バーカウンターがあり、サモサや春巻きをつまみにビール、ウイスキー、ジン、カクテルなどを楽しめます。お得なランチセットにはラクサ・ゴレンというスープなしのラクサがあり、これがまた格別。辛いもの好きな人にお勧めしたい一品です。

南インド料理の定食ターリ（VIPターリはS$10.90）。

1.グリーン、チリなど3種類のチャツネをつけて食べる。ドーサはパリッとして香ばしい。**2.**バーカウンターにはさまざまなお酒があって、カクテルも作ってくれる。**3.**店名の"ガンガ"はヒンズー教の女神の名前。地元のインド人に親しまれている店。

DATA

🏠 1 Cuff Road　📞 6295-3750　🈚 無休
🕐 11:30〜15:00 、土曜は11:30〜15:30、18:30〜22:30　🈲 可　🅲 可

mustard
マスタード

| MAP/ P15-C1 | **RESTAURANT** |

手前がマトン・ビリヤニ・ライスで、これも絶品。奥がエビカレーとナン。

マイルドなベンガル料理は在住日本人にも人気

インド料理店がずらっと並ぶレースコース・ロード。インドの小都市に紛れ込んだような場所です。本場のインドカレーを食べたいけれど辛いのは苦手、という方にも勧められるのがこのお店。コルカタ出身のシェフがベンガル料理とパンジャブ料理の2つに専念。南北両方のインド料理を提供する店が多い中、珍しい存在です。ベンガル料理は辛さは抑えられているけれど、深い味わいでワインやビールにも合います。たとえばココナッツの殻に入っているエビカレー。ルーの中にはごろごろとエビがいっぱい。クリーミーでまろやかな味がおみごと。

1.店名のマスタードは、未発酵のワインの名前に由来するとか。古代から愛用されてきた香辛料でもあり、ベンガル料理には欠かせない。**2.**椰子の実を器にしたエビカレー（S\$22.90）は、カレーというよりココナッツクリーム煮。**3.**シェフのシェイクさんは「食の都」コルカタで切磋琢磨してきたベテラン。

DATA

🏠 32 Race Course Road 　☎ 6297-8422 　休 無休
🕐 11:30〜15:00、18:00〜22:45、土曜は11:30〜16:00、18:00〜22:45 　🎫 要 　💳 可

Putien
プーティエン

| MAP/ P15-D1 | **RESTAURANT** |

地元の人々に愛される、やさしい味わいの福建料理

シンガポールの人口の75%は中国系の人々。その内の40%くらいは福建省の出身だと言われています。でもシンガポールで福建料理のレストランは珍しいのです。プーティエンは2000年にhere キッチナー・ロードに開店して、今までに計18店舗を展開、中国にも進出しています。料理は野菜やキノコ、海鮮を多く使い、素材を生かす調理法で家庭的な味。そして食材の多くは現地から空輸しています。まずはイシモチのスープ。この魚も福建省から。またベニタケというキノコ入り海鮮麺は、きれいなピンク色で味もまろやか。ビーフンなどの麺料理も人気メニューです。

手前の四角いお皿が前菜盛り合わせ、その奥がイシモチのスープ（S$16）、そのさらに奥がベニタケと海鮮のローミー（酸っぱくて辛い麺料理）。

1.お腹にやさしく食べやすい料理は女性やお年寄りにも人気。 **2.**2階のプライベートルームは小規模のイベントやパーティー用。 **3.**インド人街にある中華料理店というのもシンガポールらしい。ツーリストも多いエリア。 **4.**ミシュランの星を獲得して一躍脚光を浴びたシェフのリーさん。

DATA

127 Kitchener Road　6295-6358　無休
11:30〜14:45、17:00〜21:45　可　可

Chen Fu Ji Fried Rice
チェンフージー・フライドライス

| MAP/ P15-D1 | **RESTAURANT** |

年代を超えて受け継がれる、カニ入り炒飯

何十年も前、日本の雑誌が「究極の炒飯」と呼んで有名になった店です。一時期閉店していましたが、再開したと聞いて早速行ってみました。カニの値段が高騰して、たっぷりカニを盛りつけることができなくなったから閉店していたと語るオーナー。スラウェシ島から質のいいカニを仕入れることができるようになり、店を再開。久しぶりにいただくと昔と同じ味でした！ 同じレシピなのですね？ との問いに、「手抜きせずに作る、それだけです」というお答え。カニやスープも納得の味でした。

3

1.日本語がそのまま看板に使われているチェンフージー。こじんまりと営業中。2.紆余曲折を経て再開し、地元のファンは戻ってきたものの、一時期の賑わいはまだこれから。3.2人分はある元祖・カニの炒飯（S$25）。これとスープ、もしくはもう一品でも十分。

DATA

🏠 279 Jalan Besar 📞 6908-4293、8282-8203 🈳 無休
🕐 11:00〜21:00、水曜は17:00〜21:00 📅 可 ※電話またはオンライン Ⓒ 可

Singapore

Arab Street & Bugis

― アラブ街 & ブギス ―

サルタン・モスクを中心として、発展していったアラブ街。
もともとはサルタン（イスラム教の王様）と、その親族が住んでいた場所でした。
テキスタイルや絨毯などを販売するお店が軒を連ねていますが、
ハジレーンなど若者が集まるストリートも生まれています。

Discover Arab Street & Bugis

エキゾティックなアラブ街＆下町風のブギス

イスラム教徒のインド、マレー、アラブ系の人々のコミュニティーが広がるアラブ街。
一方、ブギスも観音堂周辺や若者が集まるブギス・ビレッジなど
ひと昔前のシンガポールに出合える所です

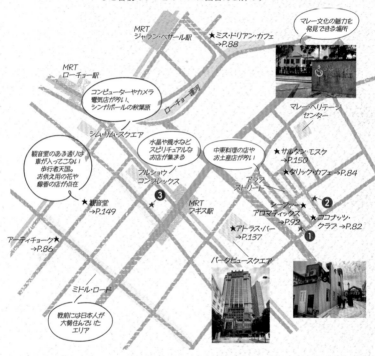

MRT
ジャラン・ベサール駅

★ミス・ドリアン・カフェ
→P.88

マレー文化の魅力を
発見できる場所

MRT
ローチョー駅

コンピューターやカメラ
電気店が多い、
シンガポールの秋葉原

ローチョー運河

シム・リム・スクエア

マレー・ヘリテージ
センター

観音堂のある通りは
車が入ってこない
歩行者天国。
お供え用の花や
線香の店が点在

水晶や風水など
スピリチュアルな
お店が集まる

中東料理の店や
お土産店が多い

★サルタン・モスク
→P.150

★タリック・カフェ →P.84

ブルショウ
コンプレックス

③

アラブ
ストリート

★観音堂
→P.149

MRT
ブギス駅

シーシャ★
アロマティックス
→P.92

②

ココナッツ・
クラブ →P.82

①

★アトラス・バー
→P.137

アーティチョーク★
→P.86

パークビュースクエア

ミドル・ロード

戦前には日本人が
大勢住んでいた
エリア

エスニックタウンの中でも異彩を放つ個性豊かなエリア

　黄金のパゴダが美しい回教寺院、サルタン・モスクを中心とするアラブ街。その歴史を知るためにマレー・ヘリテージセンターを訪ねてみましょう。ブッソーラ＆アラブ・ストリートにはバティックの小物や香水のお店など、アラブの雰囲気が漂っていま

す。1本裏の通りはファッションの発信地・ハジレーン。そのコントラストが印象的です。ブギスはガラッと雰囲気が変わり、水晶やパワーストーンの店が多いエリア。ブギス・ビレッジのバザールあたりまでは、東南アジアっぽさが残っています。

① ハジレーン

Haji Lane ▶ MAP/P15-D1

在シンガポール日本人の間では"裏原宿"の愛称もある、ヒップなエリア。ミューラル・アートと呼ばれる壁画が流行中です。バティック生地を今風のファッションに仕立てているローカル・デザイナーのブティック「ユートピア」や、セネガルとフランスにルーツを持つデザイナーのリゾートウエア&バッグの店「アズフォール」、唯一のメンズウエア「ザ・ハンブル・マン」など。狭い通りにおしゃれなお店がひしめいています。

② ブッソーラ・ストリート

Bussorah Street ▶ MAP/P15-D1

モスクの真ん前の通りで、アラブ・ストリートと平行している通り。有名な「ジャマール・カズラ」(「シーファー」の姉妹店)や中東料理レストラン、ベーカリーやアイスクリームの店があり、ツーリストにも人気です。また「ココナッツ・クラブ」(P82)も、この通りとビーチロードの角にオープンしています。

③ ブギス・ビレッジ

Bugis Village ▶ MAP/P15-D1

タイやマレーシアなど東南アジア各国でよく見かける、あらゆる商店が集まるバザール。マーライオングッズや罰金マークをプリントしたTシャツ、トートバッグ、キーチェーンやマグネットなどお手頃なお土産ものがいっぱい。スナックやトロピカル・ジュースのスタンド、また鍋料理(スティーム・ボート)の屋台風食堂も。

The Coconut Club
ココナッツ・クラブ

| MAP/ P15-D1 | **CAFE** |

真ん中がカヤトースト(S$9)、左がココナッツのスイーツ、クエ。右端がオタ・チーズ・サンド(S$18)。

ワンランク上のローカルスナックを、お洒落なカフェバーで

アラブ街の端の方、ビーチロードに面した角にオープン。店頭のショーケースにごろごろと陳列されたヤシの実が南国ムード全開です。プラナカンのスイーツ・クエがそろっている他、ローカルスナックを厳選した材料で丁寧に作っています。カヤ・トーストに使用しているバターは

フレンチ・バター、カヤ(ココナッツ・ベースのジャム)は自家製。しかもパンは備長炭で焼いています。スパイスやハーブを練りこんだ魚のすり身、オタに衣をつけて揚げたものをはさんだ、オタ・チーズ・サンドイッチは、ここの人気アイテムのひとつ。ボリュームたっぷり!

1.1階はカジュアルなカフェ風、2階はスタイリッシュなダイニング。**2.**シェフのダニエルさんはウエスタンの料理経験が豊富で、ローカルフードにもその技術を生かしている。**3.**自家製カヤ作りに欠かせない、新鮮なヤシの実。ショーケースにはスイーツもいっぱい。

DATA

🏠 269 Beach Road　📞 8725-3315　🈺 1階は無休、2階は月曜休み
🕐 11:00〜22:30（1階）、11:00〜15:00、18:00〜22:30（2階）　🈴 可 ※電話またはオンライン　🆑 可

Tarik Cafe
タリック・カフェ

| MAP/ P15-D1 | **CAFE** |

ピスタチオ・グリーンの壁が目を引く。場所はサルタン・モスクの斜め前。

テ・タレの芸も見られる、テイクアウト中心のお店

地元の人々からは親しみを込めて「壁の穴」と呼ばれているミルクティー専門店。サフラン入りなど種類もいろいろあります。熱いミルクティーを冷ますために、両手でカップを持ち、高く持ち上げたカップのミルクティーをもう一方のカップに流し入れる芸当が面白く、アラブ街の名物になっているほど。ここではそのパフォーマンスを売りにはしていませんが、アイスティーを注文すると見られることも。店名のタリックとは「のばす」という意味のマレー語で、ティータリックをテ・タレと呼んでいます。カレーパフやソーセージロールなどの軽食と一緒にどうぞ。

1.甘いミルクティーはシンガポーリアンの大好物。砂糖を少なくしてもらうことも。**2.**ミルクティーはS\$2から。カレーパフはポテト入り、サーディン入りなども。**3.**テ・タレのパフォーマンス。ホットティーでも熱すぎるのが苦手な人はこれで冷ましてもらえる。シンガポーリアンには猫舌の人が多いらしい。

DATA

🏠 92 Arab Street, #01-02　📞 なし　🛉 火曜
🕐 8:00〜22:00　💳 不可　🅒 可

Artichoke
アーティチョーク

| MAP / P15-D1 | **RESTAURANT** |

トルコ料理と言えばケバブ。チキン、ダック、ラム、魚とシシトウ、チーズとなす（S$20〜）がある。

トルコで食べ歩いた経験をもとにメニューを創作

ミドル・ロード沿いの小さな教会だった建物を改造したレストラン。オーナーと一緒にシェフやスタッフもトルコを旅行して食べ歩き、自分たちの目と舌で覚えた料理をシンガポールに戻ってきて再現しています。まずはメッツェという前菜を注文してトルコのビール、エフェス・ピルス

ナーで乾杯！これは地中海周辺で最も人気のあるビールだとか。ターキッシュ・ブレッド、レンティル・スープ、フムス、マッシュルーム・ババガヌーシュなど、10種類のお通し風前菜はそれだけでもかなりの量。ケバブ各種やラムのロースト、カラマリ、タコのグリルなどメインの料理もぜひ。

1.教会の建物の一部を改装しており、一軒家のような趣。**2.**前菜の盛り合わせ、メッツェ。野菜や
マッシュルーム、豆類などを使った料理でヘルシーな内容。**3.**エアコンの効いた店内にはテーブル
席とカウンター席があり、屋外のテーブル席も夜は風通しがよくて気持ちがいい。

DATA

🏠 161 Middle Road　☎ 6336-6949　🈺 月曜
🕐 17:30〜22:30、土・日曜 11:30〜15:30、17:30〜22:30　🈯 要 ※電話またはオンライン　💳 可

Ms. DURIAN Café

ミス・ドリアン・カフェ

| MAP/ P15-D1 | **CAFE** |

冷たいドリアン・コーヒー、1度飲んだらやみつきに!?

ドリアン・ムースやドリアン・ケーキなどは多くのコーヒーショップで見かけるようになりましたが、ドリアンをフィーチャーしたカフェは初めて。しかもここにはドリアン・コーヒーまであります。ミルクコーヒーに果肉をブレンドしたもので、大きな氷入りのグラスに注いでオン・ザ・ロック風に。コーヒーの香りとともにドリアンの風味もいい塩梅です。ドリアン・ケーキなどのスイーツにはムサン・キング、D197といった高級ドリアンが使用されているそう。ふわふわのパフやクリスピーなクラッケリンなど、ドリアンクリームを挟んだお菓子をぜひ試してみて。

ドリアン・ケーキにドリアン・クラッケリンとドリアン・コーヒー（アイスのみでカップ2杯分くらい。S$15）

1.ドリアンのマカロン、ドリアン・アイスクリーム、ドリアン・ココナッツミルク・プディングなどメニューの種類は豊富。2.普通のコーヒーやサンドイッチもあってランチに訪れる人も。3.政府公団住宅に囲まれた、ポツンと一軒家風のカフェ。

DATA

🏠 11 Kelantan Road　📞 6962-0057　🈳 火曜
🕐 10:00〜18:00　🈹 可 ※電話またはオンライン　🅲 可

Column.4

ドリアン・パーティーにドリアン・マスターも ドリアン大国・シンガポール

公共の乗り物に持ち込み禁止いう罰則があるほど、
シンガポールでは身近なフルーツ、ドリアン。
シンガポーリアンの熱狂を知れば、苦手な人も食べたくなるかも

チャイナタウン、インド人街、ゲイラン地区にあるお店には店内で食べられるところも。
お店の人に美味しいドリアンを選んでもらって試食してみては。

　ドリアンは、今でこそほぼ1年中どこかで売っていますが、6〜7月と12〜1月のシーズンが到来するとシンガポーリアンはよく「ドリアン・パーティー」をします。車を持っている人が買い出し係。なぜなら公共の乗り物（バスや電車）はドリアンの持ち込みは禁止ですから！　そして仲間内にドリアン・マスターを自称する人がいて、殻を叩いて音を聞いたり、割って匂いを嗅いだりして、美味しいドリアンを見分けます。家の窓を開け放ったら、パーティーの始まり。アルコールとドリアンの組み合わせはよくないため、お酒はなし。匂いが嫌われるドリアンですが、味は少しクセのあるバニラクリームのよう。指でちぎりながらゆっくり味わい、最後は殻に水と塩を少し落として飲むのがお決まり。おまじないみたいなものでしょうか。

Episode 1

1個50ドル以上の
高級ドリアンも

ドリアンは値段の幅が広く、1個
10ドルくらいから、高級なもの
は50ドル以上も。品種もさまざ
まですが、よく見かけるのはキ
ャット・マウンテン・キング「猫
山王」。名前の由来は、マレーシ
アの森にすむムサン(ジャコウネ
コ)から。ムサンはドリアンが大
好物。

ドリアンに目がない
シンガポーリアン

Episode 2

中国系のシンガポーリアンの男性が「奥さん
を質に入れても食べたい、というくらい、みん
なドリアンが好きなんだ」と教えてくれたこ
とがあります。ずいぶん酷い話だと思いまし
たが、シンガポーリアンがいかにドリアンに
クレイジーかわかるというものです。

Episode 3

ドリアン・マスターも
おすすめ
街で楽しめるドリアン

インド人街のラングーン・ロード沿いには「コ
ンバット・ドリアン」という有名なお店があり、
シーズン中のみオープン。ゲイランのシムス・
アベニュー沿いには1年中ドリアンを販売し
ている店も。ブギス・ビレッジの屋台風の店で
はさまざまなフルーツジュースの中にドリア
ンが。スーパーマーケットではドリアン・ドド
ールという、ドリアンのペーストをゼリーに
したようなお菓子も売っています。

Sifr Aromatics
シーファー・アロマティックス

| MAP/ P15-D1 | **SHOP** |

ジュエリーのようなボトルに、お気に入りの香水を詰めて

テキスタイルやレースの生地、絨毯、ランプなどの問屋街でもあるアラブ・ストリート。ここに香りの専門店があります。香水の素になる香油、香水ボトル、アロマ・キャンドル、ボディー・バームなどが並ぶ店内。香油には「ホワイト・アンバー」という、琥珀が持つウッディーで、かつセクシーな香り。またタバコ・シーというタバコの花やサフランをミックスしたフローラル系の香りなど、さまざまなものがあります。いろいろ試してお気に入りを見つけてください。

1.好きな香りを2つ選んで「マイ・パフューム」を作ることもできる。 **2.**香水だけでなく、アラブ街のことならなんでも店主のスヘイルさんに聞いてみて。 **3.**チェコから輸入するクリスタル製の香水ボトル（S$75）。

DATA

🏠 42 Arab Street 　📞 6392-1966 　🏠 無休 ※月・火曜はアポイントのみ
🕐 11:00〜20:00、日曜・祝日は11:00〜17:00 　☎ 月・火曜は電話で要予約 　🅒 可

Singapore

Singapore River Side

― シンガポール川沿い ―

もとは物資の流通の要だったシンガポール川。
川辺には倉庫がたくさんあったのですが、
今は役目を終え、再開発されてレストランやカフェ、バーの多い地区に。
現在、ボートキー、クラークキー、ロバートソンキーと呼ばれているエリアです。

SONG FA Bak Kut Teh
ソンファ・バクテ

| MAP/ P15-C2 | **RESTAURANT** |

手前中央がバクテのスープ、右が豆苗炒め、左奥がユーティオ。茹でピーナッツとピクルスも。

移民のエネルギーの素、ポークリブのスープで英気を養って

老舗のシンガポールのローカルフードであるバクテ屋の中で、伝統の味を維持しているお店の一つがこちら。骨付きポークは柔らかく、滋味たっぷりのスープが辛すぎず飲みやすい。開拓時代、港湾や建設現場で働いていた移民の人々は、朝食にこんなボリュームのあるバクテを食べていた

そう。揚げパンのようなユーティオ（油条）をつけてもいけます。豆苗など野菜の炒め物、ニョーヒョンというミートボールなどもお勧め。バクテは中国茶と一緒にいただくのが習慣ですが、この店はティー・ビールも開発。お茶を原料にしたビールは香りもよくてバクテにぴったりです。

1.本店の内装は開店当時の雰囲気を保っている。シンガポーリアンのソウル・フードとも言われるバクテ（大S$10.40）。スープはおかわり自由。**2.**昼食時間には店の外に長い列ができる。**3.**ティー・ビールは大量生産できないので、在庫切れのことも多いが見つけたらぜひ。

DATA

🏠 11 New Bridge Road（他市内に12店舗あり）　📞 なし　🏖 無休　💳 可
🕐 10:30〜21:30　🈲 不可

BREWERKZ
ブリューワークス

| MAP / P15-C2 | **RESTAURANT** |

ハーブやスパイスが香る、ターメリック・フレンチ・プーレ（S$28）。ビールはオートミール・スタウト。

シンガポールで初の自家製醸造所を設けたレストラン

シンガポール随一の繁華街クラークキー。ここに小さなビール醸造所ができた時は、ビール党が歓喜して押しかけました。今その醸造設備は別の場所に移動しましたが、アルコール成分11％のドランク・クルや女性向けのアプリコット・エール、ラズベリー・エールといったフルーティーなもの

まで20種類以上の自家製ビールが味わえます。料理はアジアン・フレーバーを取り入れたウエスタン・フュージョン風。TQの愛称で知られるチーフ・シェフは中華やフレンチなどの経験が豊富なシンガポーリアンです。特にエスニックな料理とコクのある黒ビールの組み合わせがベスト！

1.お店の前をレトロな船が行き交う。**2.**専用のサーバーから注がれる冷たいドラフトビールは最高！
3.トリプル・ガーリック・ポーク・リブアイ。ニンニク風味のテリヤキソースに技あり。**4.**オートミール・ス
タウト入りのティラミス、その名もビアラミス。黒ビールのコクがカカオ風味をより引き立てる。

DATA

🏠 30 Merchant Road, #01-07 Riverside Point 　📞 9011-9408 　🏖 無休
🕐 12:00〜24:00、木曜は17:30〜24:00 　🍴 要 ※電話またはオンライン 　💳 可

TAPAS 24
タパス 24

| MAP/ P15-C2 | **RESTAURANT** |

シャンパンやサングリアと一緒に楽しみたいタパス(小皿料理)の数々(一皿S$8〜)。

地中海みたいなキーサイド、サングリアでサルー！

スペインの「バル」ってこんな感じ？ブランチも食べられるし午後のコーヒーもOK、でもやっぱり夕暮れ時に来て、タパスを頬張りながら、サングリアを飲みたくなる店です。シェフのカロリーヌさんはバルセロナにある本店で経験を積みました。もともと彼女はピンチョス（一口サイズのスナック）で知られる古都ブルゴスの出身。定番のタパスにちょっとひねりを効かせた料理がお得意です。例えばバルセロナ風コロッケのボンバにはピリッと辛いサルサ・ブラバとクリーミーなアリオリソースを組み合わせて。ほかにもビキニサンドイッチ、ハマグリのシェリー酒など、いろいろ試して！

1. エントランスの雰囲気にもバルセロナの香りがする。**2.** ふらっと1人でも立ち寄れるカジュアル・ダイニング。**3.** スペインから取り寄せた高温のオーブンはフル稼働。**4.** 美術鑑賞が大好き、というカロリーヌさん。シンガポール・ライフもエンジョイしている。

DATA

🏠 The Quayside 60 Robertson Quay, #01-04　☎ 6513-6810　🛑 無休
🕐 17:00〜24:00、木〜日曜は12:00〜24:00　🍴 要　💳 可

KINARA
キナラ

| MAP/ P15-C2 | **RESTAURANT** |

川面のテラスで頬張る、辛くて香ばしいタンドゥーリ・チキン！

多くのレストランがひしめくボートキーのエリアで、長年営業しているのが「キナラ」。タンドゥーリ窯を使ったメニューが充実しています。ナンは種類が多くミント入り、フルーツとナッツ入り、ひき肉入りなどもあり。バターキチンのグレイビーはこの店独特の風味。豆のカレーはインド産ビールのキングフィッシャーによく合います。

1.みんなが大好きなバターチキン、奥がほうれん草とチーズのカレー（パラック・パニール）。**2.**タンドゥーリ・チキン・ティカ（S$24）はお店のイチオシ。**3.**日が暮れるとオフィス街からビジネスマンたちが大勢来て賑わう。

DATA

🏠 55 Boat Quay 　☎ 6533-0412 　🈴 無休 　🕚 11:30〜14:30、18:00〜22:30
🈯 可 ※電話またはオンライン 　🈹 可

Singapore

Dempsey Hill & Holland Village

― デンプシーヒル＆ホーランドビレッジ ―

タングリン・ロードをさらに西へ行くと植物園の反対側にあるのがデンプシー。
もとは兵舎だった建物が並んでおり、今は改築されてレストランやカフェになっています。
さらに西に行ったところが低層のショップハウスの多いホーランド・ビレッジ。
どちらもお洒落な雰囲気のエリアです。

Candlenuts
キャンドルナッツ

| MAP/ P14-B1 | **RESTAURANT** |

気取りのないチャーミングなお店は、シンガポーリアンからも外国人からも親しまれている。

若いシェフのセンスが光る、絶妙なプラナカン料理

シェフのマルコルムさんと奥さんのジェスさん夫婦が切り盛りするプラナカン・レストラン。マルコルムさんはプラナカンの生まれで、祖母と母の手料理を食べて育ち、海外に出たあと、やっぱり母の料理が好きだということに気づいて、本格的にプラナカン料理を始めたそうです。自分らしい料理にもこだわっており、オリジナルのレシピも次々と開発。一つはカニのカレー。ガランガルというショウガやターメリック、ココナッツミルクを使って煮込んだもので、このお店の看板メニュー。進化するプラナカン料理、マルコルムさんの次の新作が楽しみです。

1.手前はウィング・ビーン・サラダ、奥はマルコルムさんお勧めのカニのカレー（S$48）。**2.**プラナカン・レストランとして初めてミシュランの星を獲得したマルコルムさん。**3.**夜の雰囲気も素敵。選りすぐりのカクテルやワイン、ビールも。**4.**ブアクルア・ナッツ（キャンドルナッツやカカオに似た風味）のアイスクリームはここでしか食べられないデザート。

DATA

🏠 Block 17A Dempsey Road 　📞 8121-0176 　🈺 無休
🕐 12:00～15:00、18:00～22:00 　🈯 要 　💳 可

Claudine
クローディーヌ

| MAP / P14-B1 | **RESTAURANT** |

赤紫、黄色、白。三種類のビーツを軽くローストして、チーズを混ぜ、シェリー・ビネガーをかけたサラダ（S$28）。

野道に佇む教会の建物。その扉の向こうは隠れ家風レストラン

デンプシーの中心から少し外れた野道に、その古いチャペルの建物だけがひっそりと残っています。店内にはステンドグラスやドライフラワーのパネルなどが飾られていて、オープンキッチンで調理するシェフのジュリアンさんも、その絵の中のワンシーンのよう。真剣なまなざし

で、料理にトッピングを散らしていました。そして運ばれてきたのがシェフのお勧めの「ヴォロヴァン」。薄いパイ生地にチキンムース・クネルやキノコなどを詰めてコニャックでフランベしたもの。3種類のビーツ・サラダも、一口ごとに白ワインの味わいが深くなります。

1.物語の始まりを予感するような、チャペルの建物。中に入るとシンガポールにいることを忘れそうになる。**2.**ヴォロヴァンの最後の仕上げに専念するシェフのジュリアン・メルシアさん。**3.**カラフルなステンドグラスが華やかな、バーカウンター。ここでワインを1杯飲んでみたい。

DATA

39C Harding Rd　6265-2966　月曜　11:45〜14:00、18:00〜21:00、火曜は18:00〜21:00、日曜は11:45〜14:00、18:00〜20:30　要 ※電話またはオンライン　可

Jiu Zhuang
ジューズアン

| MAP/ P14-A1 |　　　**BAR**　　　|

上海の居酒屋のようなバー。中華料理と白酒を傾けて

デンプシーのエリアの一番奥に位置する小さなバー。店名のジューズアンとは中国語で居酒屋の意味。中に入ると一瞬、ここは上海⁉ それとも西安か洛陽にでも来たような錯覚を感じます。お酒類はワインやウイスキーから日本酒までなんでも揃っていますが、中国から取り寄せる白酒、黄酒は他のバーではなかなかお目にかかれません。酒の肴にはウイスキー入りの小籠包、シュウマイの海苔巻き、老酒入りのドランカン・チキンなどのスナックから、麻辣料理、シーフード、麺類まで。エキゾチックなムードに惹かれてくる外国人や、1人静かに飲むシンガポール人の姿も。

年配のカップルが静かに過ごすところのように見えるけれど、意外にも女子会のグループも見かける。

1.手前はシュウマイの海苔巻き（S$10）、奥の四川風の麻辣チキンなど中華料理とともにビールやウイスキーが楽しめる。**2.**最高級のマオタイも置いてある。**3.**バイジュウと呼ばれる中国の白酒はみりんや焼酎とも似ていて、中国ではポピュラーなお酒。**4.**外のテラス席にも異国情緒が漂う。

DATA

(住) Block 6D Dempsey Road　(電) 6471-1711　(休) 無休
(営) 11:00〜25:00、月曜は16:00〜25:00、日曜は11:00〜22:30　(予) 可　(C) 可

107

Soup Restaurant
スープ・レストラン

| MAP/ P14-A1 | **RESTAURANT** |

滋養たっぷりの薬膳スープと名物のジンジャーチキン

創業者が薬膳スープの店をチャイナタウンに開いたのが始まり。その後、シンガポールの若い世代に、カンポン(マレー語で集落の意味)・キッチンの味、つまり家庭料理を届けることに決めたそうです。名物となった

のがジンジャーチキン。チキンライスと似ていますが、チリソースではなく、オリジナルのジンジャーソースをつけます。みんなが大好きな、ショウガ風味の炒飯も。スープは冬虫夏草入りなど種類が豊富。

1.ジンジャーチキンは、茹でたチキンにキュウリとジンジャーソースをのせ、レタスで巻いて食べる(小はS$25.90)。**2.**ホームタウン豆腐も店がお勧めする一品。揚げ出し豆腐の中華風といったところ。**3.**市内に10数店舗あるが、ホーランド・ビレッジ店は比較的空いている。**4.**朝鮮人参入りのチキンスープはまろやかで飲みやすい。

DATA

🏠 118 Holland Ave, #01-02 Raffles Medical　☎ 6352-6606　🈺 無休
🕐 11:30〜14:30、17:30〜21:30、金曜は11:30〜14:30、17:00〜22:00、土・日曜は11:30〜22:00　💴可　🅒 可

Singapore

East Coast
&
Sentosa

— イーストコースト＆セントーサ —

チャンギ空港からも近いイーストコーストには
マリンスポーツの設備やシーフード・センターが点在。
本島の南の島・セントーサはクルーザーの停泊地もあるレジャー・アイランド。
海辺のレストランやバーが素敵です。

JUMBO Seafood
ジャンボ・シーフード

| MAP/ P15-D4 | **RESTAURANT** |

チリクラブは1キロS\$118。マントウというパン（揚げパン、蒸しパンの2種）をソースにつけてもいい。

チリクラブなどシンガポール風海鮮料理を豪快に食す！

シンガポールの名物料理の筆頭はチリクラブ。多くの中華レストランで提供されており、それぞれソースに違いがあります。好みによりますが、ジャンボ・シーフードのチリソースは甘辛さがちょうどよく、ある種のナッツが味にアクセントをつけているようです。どの支店もロケーションが抜群でサービスがよし。ホタルイカのから揚げ、ホタテ入りヤムイモのから揚げ、ドランカン・プローン、ロブスターのサラダ、レッド・ティラピアのから揚げニョニャソースかけなど豊富なメニュー。そしてコニャック、ウイスキー、ワイン、シャンパンとお酒も充実しています。

1.日が暮れるころにはお店はたいてい満席に。潮風が気持ちよく、シーフードがよけいに美味しく感じられる。**2.**手前はミーゴレンで、これもシンガポールやマレーシアでよく食べられている辛い焼きそば。**3.**屋外の席からは沖合に浮かぶタンカーや大型船が眺められる。

DATA

🏠 Block 1206 East Coast Parkway, #01-07/08 East Coast Seafood Centre　☎ 6442-3435
🈺 無休　🕐 16:30〜23:00、土・日曜・祝日は11:00〜23:00　✈ 要　🅒 可

Coastal Rhythm Café & Bar

コースタル・リズム・カフェ＆バー

| MAP / P15-D4 |　**CAFE**　|

タイガープローン・サンバル・フライドライスのサテー添え、ホームメイドのサンバル・ブラチャンソース
（小エビのペーストの辛いソース。S$15）

ビールを飲みながら、ウオータースポーツを観戦！

イーストコーストのシーフード・センターから歩いて3分くらいの場所にラグーンがあり、その水辺にオープンしているカフェ＆バー。目の前のウエーク・ボードで歓声をあげる子供たちや、アクロバット級の技に挑戦するサーファーたちを眺めながら、ビールやカクテルを楽しめます。まずはシンガポールの地ビール、タイガービールで乾杯！ ベーグルのサンドイッチやウエスタンフードの他、アジアンテイストの料理も。シェフのダヤットさんは21年の経験を生かしてこの店のメニューを一新。和食テイストを取り入れたフュージョン料理が得意だそうです。

1.オープンエアの開放的なカフェ。**2.**トロピカルジュースを使ったカクテルが人気。**3.**ウエーク・パークは目の前。初心者コースもあって気軽に楽しめそう。**4.**1932年、シンガポール生まれの「タイガービール」は東南アジアを代表するラガー。

DATA

1206A East Coast Parkway 6636-3705 無休
10:00〜22:00、金曜は10:00〜24:00、土曜は9:00〜24:00、日曜は9:00〜21:00 不要 可

Greenwood Fish Market

グリーンウッド・フィッシュマーケット

| MAP/ P15-C4 | **RESTAURANT** |

気分は南欧リゾート。シーフードとワインで旅の余韻に浸る

シンガポール本島の南に位置するセントーサ島。東部のキーサイド・アイルにヨットハーバーがあり、その目の前にあるのがこのお店。魚介類の仕入れ販売もしており、店内でも生きのいい海の幸をいただけます。一番人気はコールド・シーフード・プラター。オイスター、カニ、ロブスター、エビ、ムール貝、ハマグリ、マグロなどが二段の皿に盛られた豪華な一品です。一緒に飲みたいのは「最も高貴なブドウ」と呼ばれるリースリングのラニウス・クナブ。ドイツの白ワインでシーフードとのペアリングが最高！ クルーザーやヨットを眺めながら贅沢な気分が味わえます。

世界各国から輸入している生ガキはこちらの専用カウンターで提供。

1.コールド・シーフード・プラターは S$109.95。これにワインとパンだけでも満足。ドイツワインはオーナーがヨーロッパを旅して選んだもの。**2.**ここで魚の干物や燻製も作っている。**3.**広々とした屋外のテラス席。野菜やパン、ワイン、シーフードなどの直売もしている。

DATA

🏠 31 Ocean Way, #01-04　📞 6262-0450　🛏 無休
🕐 12:00〜20:30、土・日曜・祝日 11:00〜22:30　🅿 可　🅒 可

市内に100カ所以上
進化するホーカーセンター

シンガポーリアンの台所、とまで呼ばれているホーカーセンター。
庶民にとっては食卓代わり、そして団らんの場でもあります。
ローカル気分を味わえる絶好の場所です

　ホーカーセンターとはオープンエアの屋台集合施設のこと。屋内でエアコンの効いているところはフードコートですが、システムは同じ。好みの料理を提供している屋台(ストール)で注文し、セルフ式で料理をトレーに載せてテーブルに運びます。ホッケンミー、エビ麺、ラクサなどの定番麺類のほか、中華、マレー料理、インドカレー、タイやベトナム、近年は和食、韓国料理、ウエスタンなども加わり、食後にはデザート

も楽しめます。写真は金融街やチャイナタウンに近い、マックスウェル・ホーカーセンター。このような屋台街が市内に100カ所以上も。シンガポーリアンの85%ほどが住む政府公団住宅HDBが集まるエリアには必ずあり、社交場的な役割も果たしています。食後はトレーを指定の場所へ。戻さなかった場合、見つかると2回目以降は罰金300ドル！シンガポールはファイン・シティー(罰金都市)であることをお忘れなく。

Singapore

Suburbs

— 郊 外 —

小さな国とはいえ、郊外に行くと緑の丘や森があって、静かなお店が点在するシンガポール。

交通の便はよくないですが、タクシーに乗ればせいぜい30分。

時間があれば1度は郊外に足を延ばして、贅沢なロケーションの一軒家へ。

豊かな自然に触れてください。

Wild Seed Cafe
ワイルドシード・カフェ

| MAP/ P14-B3 |　　**CAFE**　　|

小高い丘なので風のある時は過ごしやすい。大型の扇風機もある。

アラブ商人の邸宅を改装したカフェで、午後のティータイム

　シンガポール市内から車で15分くらい西に行くと、テロック・ブランガという丘があり、そこにはコロニアル建築のアルカフ・マンションが立っています。1916年にイエメン出身の大富豪で、スパイス王とも呼ばれたアルカフ氏が来賓をもてなすために建てた邸宅です。現在は1階に同店があるほか、2階にスペイン料理レストランの「ウナ」、そしてバー「TXAガストロバー」がオープン。昼間は少し日が強いけれど、ファサードのテーブル席なら解放感があります。周囲を散歩して、ここでティータイムを過ごしてみては？ ベーグルやサンドイッチなど軽食もいろいろあります。

1.青いバタフライピーの花びらが可愛らしい、ココナッツ・ピーフラワー・ショートケーキはこのカフェの看板メニュー（写真は支店で撮影）。**2.**階段の両側にはブーゲンビリアの花が咲き乱れている。**3.**屋内は涼しくて、ゆったりとしたレイアウト。**4.**ボリュームたっぷりのブランチのセット。ホテルの朝食に飽きたら、ここで遅い朝食を。

DATA

🏠 10 Telok Blangah Green 　📞 8126-8484 　🈺 無休
🕐 8:00〜20:00、月曜は8:00〜17:00、金・土曜は8:00〜22:00 　🈯可 　🅲可

Tamarind Hill

タマリンド・ヒル

| MAP/ P14-A3 | **RESTAURANT** |

森の中の白いバンガローで、ワインとタイ&シャン料理を

ラブラドール公園の奥の方の小高い丘に立つ邸宅。同じ経営のコロニアル・ホテル「ヴィラ・サマディ」の裏庭から歩いてみてもいい。海は見えないけれど、海からの風が気持ちいい場所。ここでオーセンティックなタイ料理がいただけます。まずはほどよい辛さとまろやかさのトムヤムクン。丘を歩いてきた疲れも吹きとぶでしょう。アペタイザーはエビとポメロのサラダや厚揚げ、イカのフリットなどバランスがよく、プレゼンテーションも美しい。メインには伝統的なタイ料理に加えて、ミャンマーのシャン料理もぜひ。ビーフのトマト煮は濃厚な味でワインが進みます。

そこここにアユタヤ王朝を思わせるアートが飾られているダイニングスペース。

1.まずは前菜の盛り合わせ（S$28）を注文してワインを。**2.**木々のざわめきと鳥のさえずりだけが聞こえる森の中。シンガポールにいることを忘れそうになる。**3.**デザートはマンゴ・スティッキーライスとアイスクリームのピンクダイヤモンド添え。**4.**屋外のテラス席。夜はキャンドルが灯されてとても素敵！

DATA

🏠 33 Labrador Villa Road　☎ 6929-2100　休 無休
🕐 12:00〜15:00、18:00〜22:00、土・日曜は11:30〜15:30、18:00〜22:00　予 要　C 可

Under Der Linden
アンダー・ダー・リンデン

| MAP/ P14-A2 | **RESTAURANT** |

木漏れ日の一軒家レストランで、ロマンチックなひとときを

店名の由来「菩提樹の木の下」という詩のイメージどおり、木々の間にポツンと立っている家を改装したレストランです。料理はイタリアンやモダン・ヨーロピアン。エビのボンゴレ、イカ墨のパスタ、シメジとシイタケのリゾットを目当てに通ってくる人が多いとか。シェフのお勧めはキ

ング・サーモンで、カリッとグリルしたサーモンを新玉ねぎのスープに浸した一品です。ブルスケッタに昆布バターを塗ったり、和牛のタルタルやハマチ、サラダに柚子ドレッシングと、和食材もうまく活用。市内からは遠いですが、ゆったりと過ごせます。

1.天井が高く、白い壁に黒い梁が映えている、リゾート風の店内。2.エントランスのアーチが可愛い。ペット・フレンドリーのお店。3.マンゴとパッションフルーツのチーズケーキ。ペストリーにも力を入れている。

看板料理のキングサーモン（S$34）。花に囲まれたテラス席で。

DATA

🏠 5B Portsdown Rd.　📞 9838-2977　🈳 無休
🕐 9:00～21:00、金・土曜 9:00～22:00　🈳 可　🄲 可

COLBAR
コルバー

| MAP/ P14-A2 | **CAFE & BAR** |

「ここはどこ?」と不思議な感覚になるエントランス。

昔の学校の食堂がそのままバーに。世界のビールが揃う

郊外ウェセックスのエリアに風変わりな建物があります。瓦っぽいオレンジの屋根、白い壁に「COLBAR EATING HOUSE」の文字。青い板張りの入り口や窓に張り巡らされた網。そこだけ時間が止まったようなこの建物は、1900年代に建てられた学校の食堂だったそうです。カウンターで食べ物や飲み物をオーダーして、自分でテーブルに運ぶセルフ式。ステーキもあれば、ローカル・フードもあります。うれしいのは世界各国のビールがそろっていること！支払いは現金のみ、エアコンはなし。虫よけスプレーを持って行ったほうがいいかもしれません。

1.昔、学校だった頃と同じ、プラスティックの椅子とテーブルが置かれた店内。**2.**フィッシュ・アンド・チップス（S$12）もあれば、ローカルのフライド・ホーファンやビーフンなどの麺料理も。**3.**世界各国のビールが冷えている冷蔵庫。ここから好きなものを選んで飲む。**4.**生徒たちの写真もそのまま壁に飾られている。懐かしくてここに来るシンガポーリアンも多いのでは。

DATA

🏠 9A Whitchurch Rd.　☎ 6779-4859　🚫 月曜
🕚 11:30〜20:30　🈲 不可　🇨 不可

La Forēt

フ・フォーレ

| MAP/ P14-A2 | **CAFE** |

フローラル・カフェで過ごす甘〜くて温かいお茶の時間

お花のアーチをくぐり抜けると、迎えてくれるのはおとぎの国に迷い込んだようなカフェ。さっそく運ばれてきたアフタヌーン・ティーセットはアメイジング！ セイボリーの一つはトマト・タルトと卵のオープンサンド。プチ・ケーキも食べるのがもったいないような可愛らしさです。中で

もペオニーというシューパフは、ライチとローズのクリーム、ラズベリーの組み合わせが絶妙。どれもフランスでケーキ作りを学んだパティシエのスーザンさんの傑作です。熱帯フルーツをたくさん採り入れていて、ポピー、カメリアなどケーキには花の名前が付けられています。

1.エアコンの効いた店内でホットティーを。**2.**アフタヌーンティーのセットは2人でS$98。

ラ・フォーレとはフランス語で「森」と言う意味。森の中のお菓子の館で、夢のようなお茶の時間を過ごして。

DATA

🏠 5B Portsdown Road, #01-04　☎ 9839-3877　🏖 月・火曜
🕐 12:00〜17:00　📋 要　C 可

ゴージャス＆ハイクオリティー
シンガポールのハイティー

英国領だったシンガポールはアフタヌーンティーや
ハイティーを楽しむ文化が根付いています。
いろいろ訪ねた中で、特におすすめしたいお店を紹介

ランチとディナーの間にケーキやフィンガーフードなどの軽い食べ物とお茶を楽しむ、アフタヌーンティーは英国貴族が楽しんでいた習慣。一方、ハイティーは夕方からスタートし、肉料理などボリュームのある食べ物も一緒に出され、時にはアルコールも提供されます。こちらは農民や労働者の間で広まった習慣とのことです。シンガポールでは、今やどちらも区別がはっきりとしていなくて、お茶の種類も一緒に出される料理の種類もかなり豊富になっています。中にはアフタヌーンティーとハイティーの両方を時間をずらして提供しているところも。有名なのはラッフルズホテル（P130）の「ザ・グランド・ロビー」。スコーンとローズペタルジャムが評判です。「ナショナル・キッチン」（P22）ではプラナカンスタイルのハイティーが楽しめます。人気の店が多いので予約をしておくと安心です。

Hortus

「ガーデンズ・バイ・ザ・ベイ」（→P28）内のダイニング。ベジタリアンのハイティーがあります。

L'Espresso

グッドウッド・パーク・ホテル（→P132）内のレストラン。ビュッフェ式で料理も豊富なアフタヌーンティー。

ATLAS Bar

マティーニとハイティーを。24時間以上前の予約が必要（→P137）。

TWGティー

ハイティーは4種類から選べます。
写真は「フォーチューン・セット」（→P20）。

Singapore

Hotels

── ホ テ ル ──

シティーホテル、ビジネスホテルの多いシンガポールで、
植民地時代に建てられたホテルは貴重な存在。
ラッフルズ・ホテルなど、代表的なコロニアルホテル3軒を紹介します。

Raffles Hotel

ラッフルズ・ホテル

| MAP/ P15-D2 | **HOTEL** |

ロビーは19世紀のノスタルジックな空気が流れている空間。ここにはホテルの調度品の中で最も古いとされるグランドファーザーズ・クロックがあり、旅人たちを見守っています。

扇椰子に囲まれたコロニアル・ホテルで異国情緒に浸る

シンガポール建国の父と言われるラッフルズ卿の名前を冠したこのホテルは、1887年に創業。以来、サマセット・モームやチャップリンなど世界の著名人を含む、多くの旅人を魅了してきました。2019年に改装工事が終了し営業を再開しましたが、ロビーやコートヤードに漂う植民地時代の優雅な雰囲気はそのまま。特に「ロング・バー」は社交場だった当時の調度品が残されています。同店はシンガポール・スリングの発祥の店としても有名。パイナップルとチェリーを添えた赤いカクテルとピーナッツを楽しみながら、古き良き時代へタイムスリップしてみては。

1.改装を経ても気品を保つ外観。白いターバンと英国軍服をもとにデザインされた制服が印象的なドアマンが迎えてくれる。**2.**19世紀のヨーロッパの香りが漂う「ロング・バー」。多くのセレブリティーから愛された。**3.**オリジナルのアイテムも多い、ギフトショップ。**4.**女性がアルコールを嗜むことが憚られた時代に、ジュースに見えるように作られたシンガポール・スリング。いまや当地を代表するカクテルに。

DATA

🏠 1 Beach Road　☎ 6337-1886　🈷 無休
🕐 ロング・バー12:00～22:45(L.O.)、ギフト・ショップ10:00～19:30　🅟 可　🅒 可

Goodwood Park Hotel
グッドウッド・パーク・ホテル

| MAP/ P15-C1 | **HOTEL** |

プールはホテル内に2つあり、こちらはバリ風ガーデン内に。リゾートムードに心ゆくまで浸りたい。

ライン川畔のお城をイメージしたホテルで優雅に飲茶を

　19世紀にドイツ人専用のクラブとして建てられたこのホテルは、ラッフルズホテルと並ぶシンガポールのモニュメント。ビクトリア調の美しい外観はフォト・スポットとして知られています。こじんまりとしたホテルながら、カフェやレストランも充実。特に広東＆四川料理の「ミンジャ

ン」は、美しいインテリアの中で点心を気軽に味わえます。3つの点心のコンビネーション「ディム・サム・シンフォニー」は見た目もキュート。点心以外にもスパイシーなレッドガルーパのスープや、ビーフ・ブリスケットの煮込みなどメニューは豊富。何度来ても新しい発見があります。

1.グリム童話の挿絵に登場する城のようなエントランスは、フォトジェニックなスポット。**2.**ベージュで統一された、エレガントなプライベート・ルーム。**3.**店名のミンジャンは四川省の雄大な川・岷江から取っているが、レストランはこじんまりとしている。**4.**手前がディム・サム・シンフォニー（S$18）、右がBBQコンビネーション、奥がアワビと海鮮のスープ。他に北京ダックも有名。

DATA

🏠 22 Scotts Road　📞 6737-7411　🈺 無休
🕐 ミンジャン11:30〜14:30、18:30〜22:30、土・日曜は11:00〜14:30、18:30〜22:30
🈯 可（ミンジャン）　🈢 可

Fullerton & Fullerton Bay Hotel
フラトン&フラトン・ベイ・ホテル

| MAP/ P15-D2 |　　**HOTEL**　　|

フラトン・ベイ・ホテルのバー「ランタン」。テキーラ・ベースのレッド・ランタンとインペリアル・ベリー・モヒート。料理はロブスターとシュリンプのタコス。

英国植民地時代の栄華を今に伝える名門ホテル

フラトン・ホテルは英領マラヤだった時代に建築された、荘厳な新古典主義の建物で、ヘリテージホテルの一つに認定されています。また姉妹ホテルのフラトン・ベイ・ホテルは以前埠頭だった場所、マリーナ湾に面しており、水辺のブティック・ホテルとして愛されています。フラトン・ホテルはハイティーが有名で、美しく盛りつけられた、繊細なサンドイッチやプチケーキはランチの後でも気軽に食べられそう。ディナーの前後ならフラトン・ベイ・ホテルのルーフトップにあるバー「ランタン」で、マリーナ・ベイ・サンズを眺めながら、シンガポールらしいナイトライフを。

1.マリーナ湾の水辺に浮かんでいるようなフラトン・ベイ・ホテルは、若い世代にも人気。2.シンガポールの歴史とともに歩んできた、荘厳なフラトン・ホテル。3.フラトン・ホテルの「コートヤード」で楽しめる、クラシックなアフタヌーンティー（S$51）。優雅な午後のひとときを過ごすには最高の場所。

DATA **Fullerton Hotel**

🏠 1 Fullerton Square 　📞 6733-8388
🕐 無休 　🍽 コートヤード10:30～14:30、15:00～
17:30、土・日曜・祝日は10:30～14:30、
15:30～18:00 　📋 要 　💳 可

DATA **Fullerton Bay Hotel**

🏠 80 Collyer Quay 　📞 6333-8388 　🕐 無休
🍽 ランタン17:00～24:00、金・土曜・祝日の前日は
17:00～25:00 　📋 要 　💳 可

BAR

おすすめBarセレクション

シンガポールで訪れるべき Bar の名店を紹介。カクテルはもちろん、
料理も雰囲気も素晴らしく、ゆったりと時間を過ごすことができます

ハシゴを使って作業する「アトラス・バー」のバーテンダー。このジン・タワーが目当ての客も多いだろう。

ATLAS Bar
アトラス・バー

| MAP/ P15-D1 |　　**BAR**　　|

クラフト・ジンのブームを巻き起こしたバー

　アトラスとはギリシャ神話の神様の名前で、ビルの裏口にはその神様の彫像があります。建物はアールデコ様式というべきか、古代エジプトっぽいオブジェもあり、とにかく豪華絢爛。そして圧巻は1328種類ものジンが保管されているジン・タワー。ゆったりしたソファに体を沈め、こ

のタワーを見上げるだけでも贅沢な気分になります。この日、作ってもらったのはアトラス・ギムレット。シンプルながら、ヘンドリクスジン・オルビウムとボタニストジンをベースに、ライムジュースやシェリーなどがミックスされた、さわやかな1杯でした。

1.ゴージャスなインテリアとアートが印象的。アジアのベストバー50などに何度もランクインしている。**2.**シンプルなカクテルほどバーテンダーの腕が試される。**3.**ギムレットのカクテル言葉（花言葉のカクテル版）は「遠い人を想う」や「長いお別れ」。**4.**スパイシーフライドカリフラワーはジン・ベースのカクテルによく合う。

DATA

🏠 600 North Bridge Road, Parkview Square 1F　☎ 6396-4466　🚫 月曜 ※日曜は予約のみ
🕐 12:00〜24:00、金・土曜は12:00〜26:00　📝 要 ※電話またはオンライン　💳 可

Gibson
ギブソン

| MAP/ P15-C3 |　　**BAR**　　|

南欧風でもあり、アジアっぽい感じもするインテリア。カウンター席で1杯飲むのもいい。

香草入りの日本酒とジンで作る辛口カクテルをぜひ!

可愛らしい小タマネギのイラストが描かれたドアを開けて、奥の階段を上がると、無国籍な感じのバー「ギブソン」がありました。カウンターの向こうの黄色いステンドグラスが目を引くけれど、店内はいたってシンプル。女性客も多く、1人で来てもいい感じです。取材時に作ってくれた

のは、その名もカクテル・ギブソン。香草を漬け込んだ日本酒の吟醸酒をベルモットとして使っているそう。それにジンをまぜて、小タマネギのピクルスを落として。甘めのお酒が多いシンガポールでは珍しくピリッとした辛口。他のカクテルも試してみたくなります。料理も本格的です。

1.白酒とウオッカ入りのゴールデン・ミモザはエキゾティックな味。あさり入りのディップとクラッカーと合わせて。**2.**カクテル・ギブソンにはスモークしたウズラの卵とピクルスが付いてくる。**3.**暗すぎず、飾りすぎず、気持ちのいい店内。静かに飲みたい方にお勧めしたい。**4.**チャイナタウンの外れ、ブキ・パソ通りにあるコロニアルな建物の2階にオープン。

DATA

🏠 20 Bukit Pasoh Road, #2nd Floor　☎ 9114-8385　🈺 火曜
🕕 18:00～24:00、金・土曜は18:00～26:00　📅 可 ※電話、オンライン　💳 可

ドリンカー・フレンドリーな店が急増？
シンガポールのお酒＆レストラン事情

お酒を飲みながらゆっくり食事をするシーンを
レストランはもちろん、カフェやバーでも見かけるように。
人々が豊かになり、食事のあり方も変わってきているようです

シンガポーリアンはつい最近まで外食の時も、ホームパーティーでも、お酒を飲む人はあまりいませんでした。でもこの頃は食前にビールやワインを飲み、食事中も飲み続けている人が多くなりました。レディース・ナイトの日を設けているバーもあり、女性もよく飲んでいます。以前はお酒のないレストランも多くあったのですが、今はハラル認定店以外は、大抵ビールくらいはありますし、カフェでも女性向けのカラフルなカクテルを出したりしています。店内にバーカウンターを設置して、そこで食前酒を飲んだり、軽く食事ができるレストランも増えました。アルコールが高価なシンガポールでお酒を嗜むシンガポーリアンが増えたのは、それだけ社会が豊かになったということでもあるのでしょう。バーやカフェバーのメニューも充実してきて、レストラン顔負けの品を出すところが多くなったことも驚きです。レストラン、バー、カフェ、カフェバーというカテゴリー分けの必要さえないような気がしてきました。食文化の大きな変化のひとつです。

「レイ・テラス」(P34)はレストラン「レイ・ガーデン」が敷地内に新設したバー

「クローディーヌ」(P104)も店内にバースペースが。ドリンカー・フレンドリーな店が増加中

Lei Terrace

Claudine

「ラ・フォーレ」(P126)はカフェだが、こんなおしゃれなカクテルも

La Forêt

Singapore

Sightseeing & Activity

- 観 光 & ア ク テ ィ ビ テ ィ ー -

ガーデンシティーならではの植物園や動物園、アウトドア派にお勧めのスポット、
多民族・多宗教の国の多彩な寺社仏閣もぜひ訪ねてほしいところです。
旅の終わりには選りすぐりのスパで、心身ともにリフレッシュしてください。

Singapore Zoological Gardens

シンガポール動物園

| MAP/ P15-C3 |　**ACTIVITY**　|

朝食を食べていると、すぐ近くにオランウータンの子供たち。ブレックファースト・イン・ザ・ワイルドにて。

1.キリンやゾウなどの餌付けも動物園での楽しみのひとつ。ほかにもアシカのショーの見学や放し飼いの動物との触れ合いをすることも。2.世界4大珍獣のひとつ、コビトカバ。そのコミカルな姿に子どもたちも夢中。3.トラムカーに乗ったり、歩いたり、自由自在に園内を見学できる。

自然に近いオープンな動物園で、珍しい動物にも合える

マンダイ野生保護区と呼ばれる地区にはシンガポール動物園、リバー・ワンダーズ、そしてナイトサファリの3つの園があり、それぞれ多くの動物たちを飼育しています。世界4大珍獣といわれるコビトカバ、ジャイアントパンダ、ボンゴ、オカピのうち、オカピ以外の3種類をここで見ることができます。またオープン・コンセプトで、動物を狭い檻に閉じ込めず堀や植物などで仕切っているだけ。朝はカフェのすぐ横にオランウータンやアリクイ、ハナグマなどの動物が出てきて、目の前で見ることができるのもここならでは。動物園だけで約4200匹を飼育しています。

DATA

🏠 80 Mandai Lake Road, ☎ 6269-3411 🈂 無休
🕗 8:30〜18:00 🎫 入園料 大人S$48 🅿 可(チケットはオンラインでも購入可) 🅲 可

River Wonders
リバー・ワンダーズ

| MAP/ P15-C3 | **ACTIVITY** |

川や水辺に生息する魚や爬虫類、動物の楽園

世界の川や湖、水辺にすむ生物を集めたサファリ。人気者はマナティーとジャイアントパンダ。パンダのカップルには2021年に赤ちゃんが誕生してLeLeと名付けられました。アマゾン・リバー・クエストという川下りの冒険ツアーも時間があったらぜひ。川の両岸にブラジルバクの親子やオオアリクイ、ジャガーなどを見ることができます。

1.子育てが一段落してくつろぐ親パンダ。**2.**リバー・ワンダーズではメコン川、ミシシッピ川、ナイル川、長江など世界の大きな川ごとに、そこに生息する魚やワニ、カワウソなどを展示。**3.**カフェ「ママ・パンダ・キッチン」のカプチーノとあんまん。

DATA

🏠 80 Mandai Lake Road, 📞 6269-3411 🈚 無休
🕙 10:00〜19:00 💴 入園料 大人S$40 💳 可(チケットはオンラインでも購入可) 🅲 可

Night Safari
ナイト・サファリ

| MAP/ P15-C3 | **ACTIVITY** |

夜行性動物が闊歩するサファリ風動物園

世界初の夜行性動物ばかりを集めたサファリパーク。マラヤンタイガー、タスマニアンデビル、センザンコウ、カバ、ゾウ、キツネザルなど全900匹以上。まずはトラムカーで1周してみて。動物たちが間近に出てきて迫力満点です。徒歩コースはレオパード・トレイルなど4つ。暗闇の中、目を凝らしてボンゴやワラビー、マメジカを探してみてください。

1. アフリカの密林に生息するレイヨウの一種ボンゴ。雌雄ともに角があり、その姿は神々しい。
2. 主に西オーストラリアの島に生息している有袋類のワラビー。飛び跳ねる姿に感動。**3.** サイの子供もシンガポール生まれ。人から餌をもらうことに慣れている。

DATA

🏠 80 Mandai Lake Road,　☎ 6269-3411　🈚 無休
🕐 18:30〜24:00　💴 入園料 大人S$55　🎫 可(チケットはオンラインでも購入可)　🆑 可

Royal Albatross

ロイヤル・アルバトロス

| MAP / P14-B4 | **ACTIVITY** |

お天気の良い日にはこんな素晴らしい夕日を望むことができる。マストを広げたスーパーヨットはとてもエレガント。

南の海に沈む夕日を眺めながら、ワインと極上の料理を

　セントーサ島からはボートやヨットなどの船による様々なクルーズツアーが催行されていますが、スーパーヨット"ロイヤル・アルバトロス"は別格。トールシップとも呼ばれる高いマストが特徴で、船の長さは40メートルほど。木の床が素足に心地よく、シンガポールの高層ビル群が大海原の彼方に小さくなっていく様子が美しい。ワインとアペタイザーが運ばれてきて洋上の食事が始まると、ギター演奏も。メインの料理をゆっくり食べて、デザートのころには日が暮れ、水平線に夜の帳（とばり）が下りてきます。大航海時代の夢とロマンの世界に浸る2時間半のミニ・クルーズです。

1.船上には涼しい海風とメロウなギターの音色が流れてゆく。**2.**下階にはソファの置かれたエアコンルームがあって、こちらで過ごしてもいい。**3.**慣れた様子で船のかじ取りをする、キャプテンのマーク・ウィリーさん。**4.**この日のディナーのメインの一つ、スズキのシーフード・ソース。

DATA

🏠 8 Sentosa Gateway, Resort World Sentosa　☎ 9350-7475、6863-9585　⑯ 無休
🚢 サンセット・ディナークルーズは金曜 18:30〜、土曜 17:00〜19:30、日曜 18:00〜20:30、ブレックファースト・クルーズ、シティーライツ・クルーズなども主に週末に就航。　🎫 要　💳 可

Singapore Botanic Gardens

シンガポール植物園

| MAP / P14-B1 |　**ACTIVITY**　|

蘭の花々やヘリテージ・ツリーで有名な歴史ある植物園

シンガポールで唯一、ユネスコの世界遺産に登録されている由緒ある植物園。もとはラッフルズ卿がフォートカニングパークに造った植物園で、150年の歴史があります。自然の地形そのままに植樹も行われ、国が保護する木はヘリテージ・ツリーと呼ばれています。必見はナショナル・オーキッド・ガーデン。約2000種類もの蘭の花が咲き誇っています。

1.ヘリテージツリーの1本で、サガの木。日本語名はナンバンアカアズキ。赤い実を集めると願い事が叶うといわれる。**2.**ゴールデンシャワーの別名もあるオンシジウム（蘭の一種）の花に囲まれた「黄色のアーチ」。**3.**園内にあるこの白いガゼボ（東屋）はその昔、音楽演奏が行われていたバンドスタンド。

DATA

🏠 1 Cluny Road　📞 6471-7138　🏖 無休
🕐 5:00〜24:00、ナショナル・オーキッド・ガーデンは8:30〜19:00
💴 入園料 無料（ナショナル・オーキッド・ガーデンはS$15）　📷 不可　💳 可

Places of Worship

あらゆる宗教が共存する、祈りの風景

街を歩くと意外にも神社仏閣が多く、仏教寺院、モスク、ヒンズー寺院、そして教会の建物も。
小さいながらも多民族国家のシンガポール。
信仰心のあつい人々が多いことに気づかされます

Kwan Im Thong Hood Cho Temple
観音堂

| MAP/ P15-D1 | SIGHTSEEING SPOT |

1.カウンターで筮竹の入った缶とピンクの花びらのようなプラスチックを2つもらって、缶を振りながら願掛けを。2.商売繁盛? 厄払い? それとも縁結び?ところ変わっても人々の願いに変わりはない。3.落ちた筮竹はおみくじと交換してもらえる(無料)。

花や線香を携え、おみくじ目当てに訪れる人も

ブギスにある観音堂は1年を通して多くの信者で賑わう場所。ここでは願掛けをしながら筮竹を振って、落ちた筮竹は、願掛けに対する答えとアドバイスが書かれているおみくじと交換できます。線香の煙が充満する堂内には、ひざまずいて一心不乱に祈り、願掛けする人々の姿。そして筮竹を振るシャンシャン、シャンシャンという音が鳴り響いています。

DATA

🏠 178 Waterloo Street　🚇 なし　🏖 無休　🕐 7:00～12:15、13:00～18:15
💰 入館料 無料

1. 1824年に建てられたシンガポール最大最古の回教寺院。**2.** 金曜礼拝では男性信者で埋め尽くされる本堂。2階は女性信者専用。

Sultan Mosque

サルタン・モスク

| MAP / P15-D1 | SIGHTSEEING SPOT |

敬虔な回教徒が集まる
アラブ街のシンボル

国民の約15％はマレー系の人々で、一部のインド人、アラブ系の人々も含めて回教（イスラム教）を信仰。1日5回のお祈り、1カ月の断食、アルコールはご法度など、多くの戒律に従っています。モスク内は長袖・長ズボン着用（体を覆う布は借りられる）。寺院内にはミニミュージアムも。

DATA

🏠 3 Muscat Street　☎ 6293-4405　休 無休
🕐 10:00～12:00、14:00～16:00、金曜は14:30～16:00　💰 入館料 無料

Sri Veeramakaliamman Temple

スリ・ヴィーラマカリアマン寺院

| MAP / P15-D1 | SIGHTSEEING SPOT |

季節のお祭りでいつも賑わう
神々で彩られた寺院

インド人街の中心の通りにはいくつものヒンズー寺院が見られ、神々の像をたくさん掲げたゴプラムはひときわ目立ちます。この寺院は、邪悪な者たちから人々を守ってくれる、女神カリの庇護とご利益のあるお寺。夕方になるとタブラーという太鼓や伝統楽器の音が高らかに響きます。

DATA

🏠 141 Serangoon Road　☎ 6293-4634　休 無休　🕐 5:30～12:00、17:00～23:00　💰 入館料 無料

1. 入口の塔がゴプラム。信者以外も中まで自由に入れる。土足禁止。**2.** 寺院内にも多くの神様が祀られていて、信者はあちこちで祈り、忙しそう。

1

Loyang Tua Pek Koug
ロヤン寺院

| MAP/ P15-D3 | SIGHTSEEING SPOT |

ひとつ屋根の下に3つの宗教が共存

その昔、シンガポールが漁村だったころ、マレー人、中国人、インド人の漁師たちはそれぞれの神様に航海の安全と大漁を祈り、一緒に海に出ていました。彼らの神様たちは海辺の小さなお堂に納められていましたが、改築を重ねて立派なお寺になりました。それがロヤン寺院です。本堂には中国の神様（道教）、その隣に回教のシンボル・月と星が掲げられた聖堂、そしてヒンズー教の神様ガネーシャが祀られています。それぞれに焼香台があり、人々は3カ所に立ち寄って祈りをささげます。

2 3

1.左が道教、真ん中が回教、右がヒンズー教。回教の聖堂前には「本日豚肉を食べた人はこの柵の中には入らないでください」の注意書きが。**2.**ヒンズー教のお堂にはインド人の僧侶がいて、さまざまな儀式を行っている。**3.**神様へ感謝を込めてお賽銭を。

DATA

🏠 20 Loyang Way　📞 6363-6336　🈺 無休　🕐 8:00～22:00　🎫 入館料 無料

Natureland
ネイチャーランド

| MAP/ P15-D2 | **RELAXATION** |

体の芯から解きほぐされる、至福のひととき

旅の疲れをほぐすフットマッサージ。女性に人気のネイチャーランドはバリのリゾートのようにお洒落なスパです。ボディースクラブやデトックス、スリミングマッサージなどメニューもたくさんそろっています。ハーブの香りがする部屋で、まずは温かい足湯に浸かり、ゆっくりとマッサージ。終わったころにはきっと身体が軽くなっているでしょう。

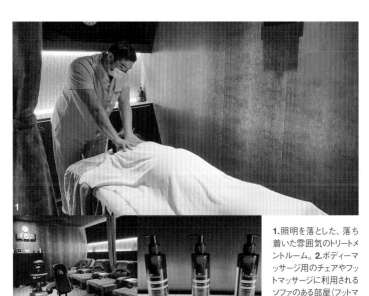

1.照明を落とした、落ち着いた雰囲気のトリートメントルーム。**2.**ボディーマッサージ用のチェアやフットマッサージに利用されるソファのある部屋（フットマッサージは30分S$41）。**3.**ネイチャーランド専用のマッサージオイル。

DATA

🏠 チャイムス店: Chijmes, 30 Victoria Street, #B1-01/02　　📞 6266-6780　　休 無休
🕐 9:00～22:30　　予 要　　C 可

Nuffield Wellness – Ayurvedic Clinic & Spa
ヌフィールド・ウエルネス アーユルヴェディック クリニック&スパ

| MAP/ P15-C1 | **RELAXATION** |

本場インドの伝統医療アーユルヴェーダのトリートメント

専門医師が2人常駐する、クリニック&スパは設備も充実しています。頭痛解消のほか、神経をやわらげ全身をリラックスさせるシロダーラはココナッツオイルやハーブを少しずつ額に垂らす施術。厚い木製のベッドと特殊加工したマットレスの2種類が用意されています。ハーブパウダーを使って発汗作用を促し、血液循環を良くするボディーキリなども人気。

1.人気のシロラーダ。2.こちらはヒマラヤンソルトを敷き詰めた部屋。呼吸器改善に効果がある。3.このトリートメントルームはカップルで利用可。各部屋にシャワー設備がある(ボディーマッサージは60分 S$92~)。4.シンギング・ボウルでメディケーションを行う部屋。

DATA

🏢 Holiday Inn Orchard City Centre, 11 Cavenagh Road, B1-01　📞 6950-2868　🏖 無休
🕐 9:00~21:00、日曜・祝日は9:00~17:00　🈯 要　© 可

Nirwana Gardens

ひと足延ばして。ビンタン島、ニルワナ・ガーデンズへ

インドネシア領、リアウ諸島の島のひとつビンタン島。
シンガポールからはフェリーで1時間弱で行くことができる美しいリゾート地です

プライベートビーチやプール。そしてホテルやヴィラが点在する広大なリゾート、ニルワナ・ガーデンズ。

アクティビティーも充実。島最大規模のビーチリゾート

ビンタン島にはバンヤンツリーやクラブメッドなど多くのリゾートがあり、中でも300ヘクタールの敷地に、5つのホテルを擁するニルワナ・ガーデンズは最大規模で、ウオーター・スポーツなどの施設も充実。ジェットスキーやダイビング、シュノーケリングなどを豪快に楽しめます。日が暮れるころには、水上に造られた「クリプソ・フローティング・バー」へ。大海原の彼方に浮かぶシンガポールを眺めながらトロピカルカクテルを傾けて。レストランでは地元の新鮮なシーフードを堪能してください。

1.木製の家具やファブリックがアジアンテイストで、リゾート・ライフを演出してくれる。2.ケロン（魚の養殖場）風のシーフード・レストランでは地元の魚介類が食べられる。つぶ貝の1種ゴンゴンはビンタンならでは。3.「クリプソ・フローティング・バー」。ここで飲むビンタン・ビールやカクテルは格別。4.マングローブツアーのガイドは地元のタンジョンさん。マングローブ再生プロジェクトでも活躍。5.ジェットスキーのインストラクターの中で紅一点のフィトゥリさん。

DATA

🏠 Jalan Panglima Pantar, Lagoi, Bintan Resort, Lagoi, Riau, Indonesia 📞 +62770692505
㉂ 無休 ㉐ 要 Ⓒ 可

シンガポール気分な
スーベニア

取材中に見つけたおみやげにぴったりな
アイテムを集めてみました！

Interior

ワン・シンガポールのプレート

マーライオンやマリーナ・ベイ・サンズなどシン
ガポールのアイコンが描かれた、地元デザイ
ナーと有田焼きのコラボ作品。大 S$88、小
S$48。➔ アジア文明博物館のミュージアム・
ショップなど

Porcelain

クッション・カバー

インド人街のリトル・インディア・アーケードで
見つけた、孔雀や象をモチーフにデザインし
たカバー。金糸や細かい刺繍、ミラーを使っ
たものもあり、値段の割に高級感がある。1
枚 S$8〜。➔ セレブレーション・オブ・アーツ
（P70）など

Coaster

香水ボトルとアロマキャンドル

Aroma

香水ボトルはチェコ製のクリス
タル。エキゾチックな香りのア
ロマキャンドルはお土産用に。
香水ボトルが S$75、アロマキ
ャンドルは S$40。➔ シーファ
ー・アロマティックス（P92）

プラナカン・タイル風の
コースター

プラナカン・タイルをモチーフと
しているが、より鮮やかな色使
いと洗練されたデザインが目を引
く。6枚組が S$70。➔ デザイ
ン・オーチャード（P48）など

プラナカン・ビーズの
タイピンとリング

ワークショップで作ることができる
プラナカン・ビーズが、それぞれ
120個も使われた品々。1個
S$68（材料費込み、2時間）➔
ルマ・キムチュー（P62）

Accessories

バシャ・コーヒー・バッグ・
ギフト・ボックス

Coffee

フルーティーな「1910」や「スウ
ィート・メキシコ・コーヒー」など、
さまざまなコーヒーを手軽に楽しめ
るドリップ・バッグ。1箱 S$30。
➔ バシャ・コーヒー（P42）など

ヘリテージ・チョコレート・ギフト・セット

お茶のフレーバー入りのチョコレート32個の詰め合わせ。デザインが美しい赤い缶に入っている。チョコレートひとつひとつの模様も異なり、見るだけでも楽しい。S$78。
→ TWGティー（P20）

Chocolate

Soap
アーユルヴェーダの石鹸

ベジタブル・オイルが原料の石鹸や白檀の香りの石鹸など。素朴なデザインのパッケージと自然な香りがエコフレンドリー。1個¢60から。→ ムスタファ・センター（P68）

ジンジャーソース、
サンバル・チリソース、XOソース

ジンジャーチキンに添えるジンジャーソース、炒め物にアクセントとして使えるサンバル・チリソース、幅広い中華料理の味を引き立てるXOソース。シンガポールの味をぜひ日本で再現。1個S$7。→ スープレストラン（P108）

Sauce

Jam

カヤ・ジャム
（ココナッツ・ペーストのジャム）

シンガポーリアンの朝食に欠かせない、ココナッツ味のジャム。S$12.90。
→ ラッフルズ・ホテル（P130）

My Selection

サガの実と
ルドラクシャ（菩提樹の実）の
アクセサリー

著者が友人と一緒に立ち上げたデザイナーズ・ユニットMerah Sagaが創作したピアスやペンダント。願い事が叶うと言われている真っ赤なサガの実と、ヒーリング効果のある茶色いルドラクシャを組み合わせました。S$20〜。（購入はP160の連絡先へ）

あとがき

　この本を読んでくださった皆様へ

　私はこの本を執筆するにあたって、グルメや見どころだけでなく、お寺をいくつか紹介したいと考えました。それはこんなにも近代化した都市国家ですが、シンガポーリアンの多くは宗教を信仰しているからです。私自身は無宗教なのですが、お寺で祈りをささげている人の姿を見るのが好きなのです。そこではじめにブギスの観音堂を訪れました。そして筮竹の缶を振って「このガイドブックのお仕事がうまくゆきますように」と願掛けをしたのです。

　ひざ元に落ちた8番の筮竹をおみくじに換えてもらったら、数行の英語の文章の中に「あなたの努力は良い結果をもたらすでしょう」という一文を見つけました。ずいぶん勇気づけられたものです。そして2〜3カ月後、この仕事も佳境にさしかかり、もう1度、観音堂を訪れて筮竹を振ってみました。そして落ちた1本を見たら、なんと、前と同じ8番の筮竹だったことに驚きました。

　私はおみくじを握りしめながら、この2〜3カ月を振り返りました。実に多くのレストランのシェフの方々にお会いしたものです。シェフは気難しい人が多いと聞いていましたが、料理や食材のことを質問すると、み

なとても丁寧に説明してくれました。そして中国人もイタリア人も、イン
ド人もスペイン人も、シンガポーリアンも、どちらの出身ですか？と聞く
と、みんな目を輝かせて故郷の街の素晴らしさや食べ物の美味しさを話
してくれたものです。中には母親や祖母の料理の影響を強く受けている
と語ってくれた人も多かったです。新境地を開くためにシンガポールに
移住してきた人たちですが、共通しているのは自分のルーツに誇りをも
ち、自分たちの文化が育んだ料理を多くの人に食べてほしい、という願い
だと感じました。

　この取材を通して、そうした夢と志を抱いた人々が集うことろがシン
ガポールという国なのだと再発見できました。そしてこの本を書き始め
たときにはシンガポールを表現する言葉がなかなか思いつきませんでし
たが、今、この国を形容する、好きな言葉がひとつ見つかりました。「トラ
ンジット・シティー（中継都市）」です。東西の人々が出会って、別れて、ま
た出会う街。旅をすることが出会いと別れのドラマだとしたら、シンガ
ポールは永遠に「旅人の街」と言えるかもしれません。
　東西の旅人たちが出会う街へ、どうぞいらしてください。この本を携えて。

芳野　郷子

芳野郷子
| Kyoko Yoshino |

神奈川県川崎市出身。日本女子大学卒業後、雑誌のライター・編集を経験。オーストラリアのシドニーで1年間、地元の日本語フリーペーパーの編集に携わる。1986年にシンガポールに移住。日本語新聞の立ち上げに参加し、その後現在までシンガポール在住37年目。日本語フリーペーパー、インターナショナルスクール講師などを経て、現在はフリーのライター、メディアのコーディネーター、アーティスト。シンガポールを拠点に日本とアジア各国を旅行しながら、各地で日本語メディアの取材コーディネートをしたり、雑誌に記事を執筆中。またアーティストとしても活躍。デザイナーズ・ユニット Merah Saga を立ち上げ、2021年シンガポール・クリエイターズ・アワードに作品を出展して受賞。著書に「ダーリンはシンガポール人」(セガラン郷子名義 / 三修社)がある。

Merah Saga の商品(P157)の購入は
インスタグラム @Merahsaga_ak
Email:kyokosegaran@gmail.com
こちらにご連絡を。

企 画 ・ 編 集　株式会社ネオパブリシティ(五藤正樹、田口真由美)
デ ザ イ ン　高田正基、栗山早紀
　　　　　　　(株式会社VALIUM DESIGN MARKET)
撮　　　　影　芳野郷子、Mark Ho
地　　　　図　庄司英雄

現地在住日本人ライターが案内する

大人のシンガポール旅

第1刷　2023年3月30日

著者　芳野郷子

発　行　者　菊地克英
発　　　行　株式会社東京ニュース通信社
　　　　　　〒104-8415 東京都中央区銀座7-16-3
　　　　　　電話 03-6367-8023

発　　　売　株式会社講談社
　　　　　　〒112-8001　東京都文京区音羽2-12-21
　　　　　　電話 03-5395-3606

印 刷 ・ 製 本　株式会社シナノ